平清盛

平穏な福原生活を奪った後白河上皇と対立

中島　豊

平　清盛

—平穏な福原生活を奪った後白河上皇と対立—

目次

はじめに　7

第一章　清盛、頭角を現す（保元の乱から平治の乱まで）

第二章　清盛の出世（平治の乱から二条天皇の死まで）

第三章　清盛と建春門院（二条天皇の死から建春門院の死まで）

第六章　福原遷都・還都、清盛の死（福原遷都から清盛の死までの九ヵ月間）

はじめに

第百二十六代目の今上天皇（徳仁《なるひと》）には、平氏の血が流れている。平氏は桓武《かんむ》天皇の曽孫の高望王《たかもちおう》が、平姓を名のったのが始まりという。したがって、平氏はもともと皇族である。殊に平安時代末期の第八十代天皇・高倉《たかくら》天皇の母滋子《しげこ》（後白河《ごしらかわ》上皇の后・女院号建春門院《けんしゅんもんいん》、平清盛の妻時子《ときこ》の異母妹）が、平姓（父平時信《ときのぶ》）であったから高倉天皇は平氏系天皇と言われている。高倉天皇は、平清盛の娘徳子《とくこ》（のちの建礼門院《けんれいもんいん》）との間に安徳《あんとく》天皇を儲けた。しかし、安徳天皇は八歳のとき壇之浦で入水死亡した。次に即位したのが高倉天皇の四男後鳥羽《ごとば》天皇（母は修理大夫坊門信隆の娘殖子《しょくし》・のちの七条院）である。以降天皇家は平氏の血が引き継がれ現在に至っている。

平清盛は、武士で初めて公卿になり、太政大臣に出世し、後白河上皇を幽閉して軍事政権を成立させ、貴族社会から武士社会へ移行させた歴史上重要な人物であるが、『平家物語』は「平朝臣清盛公と申し人のありさま、伝うけ給るこそ、心も詞も及ばれね」と、筆舌に尽くし難いほどひどい悪行を働いたという。権力欲旺盛で手段を選ばず横暴で、国家に叛逆した極悪人と決めつけている。そのためか清盛の評価はよくない。

二〇一二年にNHKが放映した大河ドラマ『平清盛』は、画面が「汚い」、天皇家をなじみのない「王家」と呼び、不評であった。以来清盛を扱う企画はなくなったという。その基となったのがやはり『平家物語』である。

ご存知のように『平家物語』は、歴史書ではなく文学作品であり虚構である。作者も藤原行長《ゆきなが》であろうと言われてはいるが定かでない。平氏については鎌倉幕府の『吾妻鑑《あずまかがみ》』のような歴史書もない。この時代の史料としては、天台宗の座主《ざす》慈円《じえん》（一一五五〜一二二五）の『愚管抄《ぐかんしょう》』がある。ほかに公卿の日記『玉葉《ぎょくよう》』（藤原兼実《かねざね》）、『山槐記《さんかいき》』（中山忠親《ただちか》）、『兵範記《へいはんき》』（平信範《のぶのり》）などあるが多くない。歴史書と言われているこの『愚管抄』も、『平家物語』と表現が似ていたり、明らかに批判している個所もあり、注意して扱う必要がある。研究者は『平家物語』は虚構であるから、史料として使うのは危険であると言いながらも、当該時代の史料が少ないため『平家物語』に頼っているのが実情である。

清盛の悪行について『平家物語』は、清盛の孫資盛《すけもり》と摂政基房《もとふさ》が乗った牛車が出遭い、資盛の従者が恥辱を受けたことに清盛が腹を立て、報復させた「殿下乗合《てんがののりあい》事件」を悪行のはじめといい、臣下の身で行った「福原遷都《ふくはらせんと》」を悪行の極みとしているが、後白河上皇と対立し、意のままになる天皇を擁立したからではないだろうか。

清盛が生きた時代は、天皇の祖父・父の法皇・上皇が実権を握り、子・孫の天皇が従うという院政時代で、歴史上特異な時代であった。清盛が仕えた後白河上皇時代は、保元・平治の乱などが起き「連々乱世」（『愚管抄』）であったが、建春門院が産んだ皇子憲仁《のりひと》（のちの高倉天皇）が皇太子になった仁安元年（一一六六）頃から、建春門院が死去した安元二年（一一七六）までの約十一年間は、建春門院が後白河上皇と清盛の接着剤となり、後白河院政を支えていた。その間、保元・平治の乱、源平が戦った治承・寿永の内乱などという争いもなく、文化が栄え平和な世であったという。

建春門院の死を契機に後白河上皇と清盛との間で対立が始まった。後白河上皇は建春門院存命中、意のままにならなかったことを恨み、財産を押領された関白、平氏の栄華を妬む院近臣と組み、清盛が押領した摂関家領および平氏の知行国《ちぎょうこく》・越前国を没収、人事で故摂政基実《もとざね》の子で清盛が擁護していた基通《もとみち》と摂政基房の子師家《もろいえ》を逆転させるなど嫌がらせをした。さらに平氏の勢力を弱体化させるため、延暦寺との戦いを強いるなど圧力をかけた。清盛はこれらの圧力に我慢できず娘婿の高倉天皇を抱き込み報復した。

清盛が参戦して武力行使したのは保元の乱が最初であったが、本格的に戦ったのは平治の乱である。以後の出兵のほとんどは、後白河上皇の要請による延暦寺強訴防戦のためであった。平氏打倒を目的とした鹿《しし》ケ谷《たに》事件でも、武力行使は避けた。後白河上皇の執拗な圧力に追い詰められ生き残りをかけ、武力を盾に政権を奪った治承三年の政変でも、武力行使はしなかった。福原遷都（宣旨がないから遷都と認められていない）も力づくとはいえ無血で遷都した。以仁王《もちひとおう》の乱以後反平氏運動が盛んになり兵を動員して戦ったが、都を戦場化することはなった。清盛は軍事を一手に掌握したが武力に頼らず、常に政治交渉を優先して解決に努めた。

平氏政権が成立した治承三年（一一七九）十一月の政権奪取について、後白河上皇の挑発を回避するため、清盛がやむに已まれずしたとする説に対し、権力欲しさに高倉天皇の立太子頃から政権掌握の機会を狙っていたとする説が近年有力である。なかでも福原遷都は治承三年の政変のとき計画されていたとし、「桓武天皇が天智系新王朝の新都として長岡・平安京を造営したことにならって清盛は、平安京に代わる新王朝の宮都福原の新規造営を目指し、福原遷都を行い、高倉上皇・安徳天皇という平氏系新王朝を創設する積りだった」とする説がある。

しかし、この説について疑問がある。治承四年六月、福原へ遷幸したとき、皇居もなく、随伴者の住居もなかったこと。新都計画図もなく慌てて作成にかかったが、都にするには土地が狭く中断したこと。滞在が長期になると公卿の多くは、福原を宣旨がないから離宮であると主張しだした。裏を返せば宣旨を下せば遷都に協力するということである。それでも清盛は宣旨を出さず、安徳の大嘗会《だいじょうえ》も延期した。清盛が私費で建築した仮皇居は完成したが、方丈記によると山の中で丸木小屋だったという。さらに実務を司る八省院《はっしょういん》は二年後でよいと命じたという。福原を宮都に平氏系新王朝創設を清盛が目指していたとするなら、またとない絶好な機会であるのになぜこのように中途半端だったのであろうか。その原因を「あまりに唐突で準備不足」だったとしているが、命を懸けてクーデターまでして政権を掌握したには周到な計画もなく杜撰で切迫感がない。清盛は、六ヵ月の福原滞在中に三度厳島神社・宇佐神宮へ出かけている。京都に還る十一月には西国武士を船で東国へ運ぶ計画が出来上がっていたという。清盛が強引に遷都をしておきながら計画が遅々として進まなかったのは、反平氏派の様子見と戦闘準備のためだったのではないか。清盛は、高倉上皇・公卿を遷都問題に目を向けさせ、その一方で東国との合戦準備をしていたのではないか。京都に戻った清盛は洛中の戦場化を避け、洛外の要衝の地九条末に戦闘本部を置き、自ら指揮をとったという。

私は、清盛が築造した「経ヶ島」、「福原別邸」の位置、「古湊川の流路」などを手掛かりに、平氏を殊に優遇した建春門院と清盛との関係を調べるなど外堀を埋めながら清盛の権力への関わりについて研究してきた（拙書『建春門院滋子』友月書房　二〇一六年）。その結果、清盛が権力欲しさに政権を奪い、さらに平氏系新王朝を創設する積りだったとする説には、根拠とする史料の解釈の違いで納得できないという結論に至った。そこで史料の解釈の違いを明らかにし、清盛が何を求めていたか考えようと思う。その方法として当時起きた出来事、事件ごとに、清盛が軍事貴族としての権力以上の権力欲しさに、事件に関わった事（政権関与をした事）があったか否か確認し、その結果を人生が凝縮されている晩年での福原遷都、その後京都に戻り死ぬまでの間、「何を言い、何をしたか」をもって検証しようと思う。

清盛は九歳年下の君主後白河上皇と同時代を生きた。後白河上皇は清盛を終生傭兵隊長程度に扱った。一方の清盛は、数度後白河上皇の命を救い、後白河政権の後見となって支えた。しかし、意のまま・思いのままの後白河上皇の後始末、尻拭いをさせられ、ときには抵抗したが、時代は院政であり君主と臣下の関係で我慢して従わざるをえなかった。良くも悪くも後白河上皇の問題は清盛自身の問題であり、避けて通れない関係にあった。その限界に達したのが治承三年十一月の政変（クーデター）であった。この過程を権力欲との視点で、保元の乱から清盛が死去するまでの約二十五年間を次の六つの期間に分けて検討し、清盛の権力欲を分析し政権掌握を目指していたか。新王朝創設を企てていたか明らかにする。

1　武者の世の始まりという保元の乱から、平氏の栄華の始まりである平治の乱までの四年間。

2　勝利してひとり勝ちになった平治の乱から、父後白河上皇の院政を停止させた二条天皇の死までの六年間。

3　後白河院政が再開した二条天皇の死から、院政を支えると同時に平氏の繁栄に尽くした建春門院の死までの十一年間。

4　建春門院の死から、清盛が武士として命を懸け、軍事力を盾に政権を奪った治承三年十一月政変までの三年間。

5　平氏政権が成立した治承三年の政変から、法皇・上皇・天皇を清盛の一存で福原に移した福原遷都までの半年間。

6　福原遷都から半年後に還都し、清盛が死去するまでの九ヵ月間。

なお、文中法皇・上皇・天皇は省略する。『玉葉』は高橋貞一　高科書店、一九八八年を、『平家物語』は、岩波書店の「新日本古典文学大系」二〇〇〇年を使用する。

第一章　清盛、頭角を現す

（保元の乱から平治の乱まで）

1　父母は誰か　白河院の落胤か

院政時代

清盛が生きた時代は、平安末期の院政期で白河《しらかわ》（一〇五三〜一一二九）・鳥羽《とば》（一一〇三〜一一五六）・後白河（一一二七〜一一九二）と続いた約百二十年のうちの中・後半、鳥羽・後白河の時代であった。院政とは、天皇の父や祖父が上皇や法皇となり、天皇に代わって実質政治をおこなう制度である。そのため天皇は若年であった方が都合よく天皇家の家長として、その御所に院庁を設け、天皇を後見するという名目で政治の実権を握り、権威をふるった。院には、摂関家・上流貴族以外の中・下流貴族の優秀な者が出世を夢見て集まり、親衛隊である北面《ほくめん》の武士をおき、武士団を組織するなど、院の権力を強化した。

その反面、天皇の外戚として実質政務を取り仕切ってきた摂政関白の地位は、相対的に低下し摂関家の力は衰え、院近臣が実権を握り摂関と対立するようになった。

国政の最高権力者となった上皇の共通点は、その地位を利用して「意に任せ法に拘らず除目・叙位を行ひ給ふ」（『中右記《ちゅうゆうき》』）と、権力を背景に「意のまま」やり遂げることであった。

このような天皇家の権力の「二重構造」の時代に清盛（一一一八〜一一八一）は生まれ、生き、死んで逝ったのである。

図1　天皇家系図

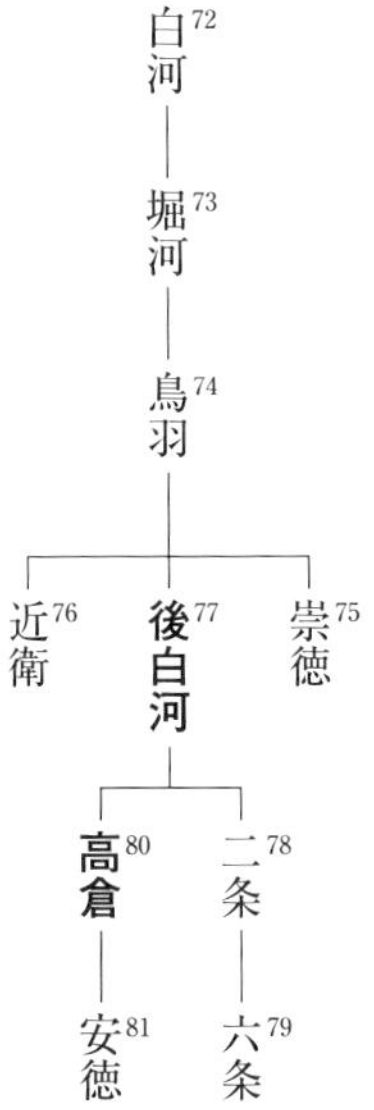

表1　院政（上皇・法皇）と天皇との関係

上皇	天　皇				
白河	堀河	鳥羽	崇徳		
鳥羽	崇徳	近衛	後白河		
後白河	二条	六条	高倉	安徳	後鳥羽
高倉	安徳				

荘園の増大

十世紀から十一世紀前半の摂関時代には、「荘園が全国土に及び、公領は錐を立てるほども残っていなかった」（『小右記《しょうゆうき》』）と言われるほど荘園が増加、拡大した。しかし、実際には荘園六〇、公領四〇％の割合だったという。十二世紀前半の鳥羽院政時代には、さらに急速に全国的規模で荘園が増え続けた。

地方では農民を動員して未開地の開発、再開発が進んだ。この開発にのりだしたのが地方の豪族たちで、国司はその領地を認め開発領主、在地領主として権限を与え役人にとりたてた。しかし、国司の任期が原則四年であったため、彼らは国司によって左右される不安定な立場にあった。そこで長期に亘って保証をうるため院、中央貴族、大寺院に領地を寄進した。当時の税は、官物（租税）と臨時雑役の二種類に分かれていた。寄進地系荘園には、臨時雑役を免除される場合が一般的であったが、なかには租税も免除される場合もあったから、こぞって寄進した。土地の所有権は寄進先に移るが、わずかな手数料を支払うだけで、今まで通り土地の管理権は保障されていて不都合はなかったからである。それ以上に寄進先の組織である本家《ほんけ》―領家《りょうけ》―預所《あずかりところ》の下で荘官として任用され、身分も安定した。清盛の祖父正盛、女院に仕えていた女房達も多くの荘園を寄進したという。

僧兵の横暴

院政期の大寺院は、下級の僧侶と各地の荘園から徴発した農民を、僧兵として組織して国司と争い、解決しない場合、神木や神輿を先頭にたてて朝廷に強訴《ごうそ》し主張を通そうとした。なかでも興福寺、延暦寺の大寺院を南都、北嶺といい、南都（奈良）には興福寺を中心に常時五千人、延暦寺には三千人もの僧兵がいたという。南都の春日神社は藤原氏の氏神、興福寺はその氏寺であったが、氏の長者である摂政関白すら手を出せない状況であった。興福寺の僧兵は春日神社の神木を、延暦寺は日吉神社の神輿を担ぎ、触ると祟りがあると主張して強訴に利用した。これらの大寺院は法によらず武力で圧力をかけ要求をごり押ししたのである。神仏の威をおそれた貴族は、大寺院の圧力に抗することができず、対応を専ら武士に頼った。摂関家においては、その役を源氏が担っていたのである。

僧兵は五十七年間も治天の君として君臨していた白河院が、「賀茂川の水、双六の賽、山法師は、是れ朕が心に従わざる者」と、嘆いたほど手を焼いた相手であった。院政時代は、法より院の権力を優先させた。興福寺・延暦寺の僧兵も神仏の威力を背景に、非理を理として行動した。争いも法によらず豪の者が制するようになった。その結果、武士が僧兵に対抗する戦闘要員となり、闘いを生業とする武者の世が到来したのである。

久安三年（一一四七）六月、清盛が祇園社（現在の八坂神社）で、田楽《でんがく》を奉納しようとしたとき、部下の武士と神人との間で争いが起き、武士が射た矢が神人や宝殿に当たり、本寺の延暦寺の大衆が忠盛《ただもり》・清盛を流罪にするよう訴え、大事件（祇園闘乱事件《ぎおんとうらんじけん》）になった。このとき鳥羽院は、検非違使《けびいし》や北面の武士を派遣し防戦させ、清盛が罰金を払うことで解決させた。清盛はこの事件以後、出家の際座主明雲《ざすみょううん》に受戒を依頼するなど友好関係を築いた。以後、後白河から出兵を命じられても自ら交渉し、それでも出兵が避けられない場合は、防戦に限り出兵させるなど争いを避けることに努めた。

清盛の先祖・祖父正盛

清盛の先祖は、桓武天皇の皇子・葛原《かつはら》親王の孫高望王である。高望王は皇子が多く中央では高位、高官になれないため平姓を賜り、上総介として東国に下向して一大勢力を築き上げた。天慶二年（九三九）に反乱を起こした将門《まさかど》やその将門を討った貞盛《さだもり》も同じ系統である。しかし、平忠常《ただつね》の乱で追討に失敗した平氏は離散、伊勢平氏の祖と言われる平維衡《これひら》（清盛の五代前）が、現在の三重県伊勢・伊賀地方に定住し、伊勢平氏と呼ばれるようになった。維衡は地方武士を組織化して私闘を繰りかえし、勢力ならびに領地の拡大を図った。当時武士は都の近郊に領地を有し、一族・郎党（武士団）に管理させ、本人は武士として多くは五位の位階を得て、都で検非違使・衛府の官職についた。清盛の祖父正盛《まさもり》もこのような京武者《きょうむしゃ》の一人で、京都に出て君主白河院に取り入り、武力で貢献し地位を上昇させ、平氏繁栄の基礎を築いた。

図2　平氏の系図

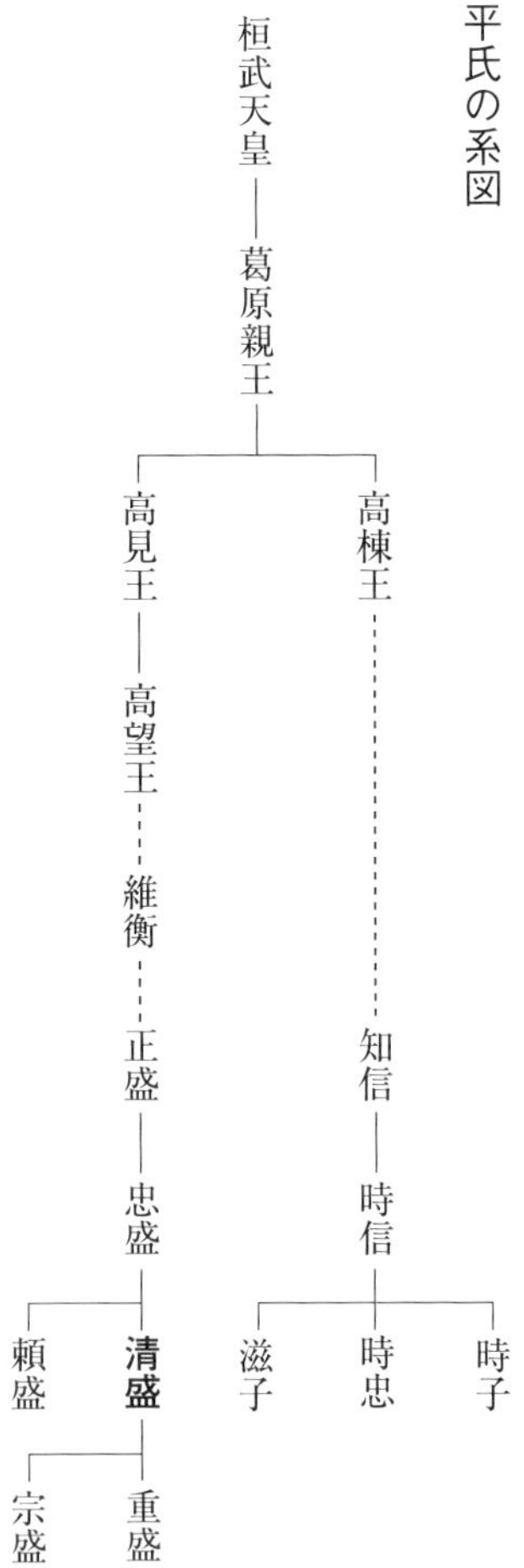

当時白河院は、地方で横暴を働く源義親《よしちか》、家人の乱行を止められない為義《ためよし》を嫌い、源氏に対抗できる軍事集団を求めていた。清盛の祖父正盛は、院の北面武士となり、白河院の「三千の寵愛ひとりのみなりけり」（『今鏡《いまかがみ》』）と言われた祇園女御《ぎおんのにょうご》の一切経供養のため、自身の寺六波羅蜜寺を提供するなどして取り入った。また、院近臣の別当加賀守藤原為房《ためふさ》、播磨守藤原顕季《あきすえ》の郎党として検非違所《けびいしょ》、厩別当《うまやのべっとう》として仕えた。彼らのすすめで永長二年（一〇九七）、

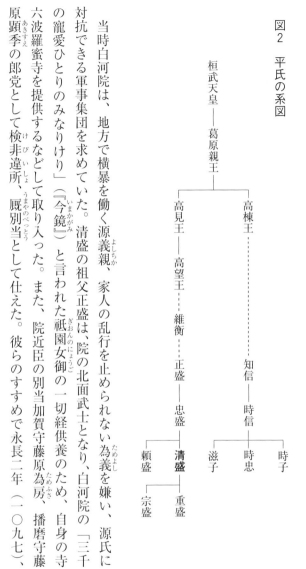

前年亡くなった白河院の皇女郁芳門院媞子《いくほうもんいんていし》の菩提所・六条院に、私領であった伊賀国鞆田《ともだ》・山田村（現在の三重県伊賀・伊勢市周辺）を核として、周辺の田畑二十余町をまとめ、寄進して白河院に近づき、白河院は正盛を強盗・海賊の追討使として取り立てた。正盛は、嘉承三年（一一〇八）、反乱を起こした源義親を討ち、その功績で当時第一等国であった但馬守に任じられた。

この恩賞に「本人が京へ着く前に昇進できたのは異例である。確かに功績ではあるが正盛は最下品の者である。にもかかわらず一等国の『守』に昇進できたのは白河院に日頃から特別に重宝されていたからだ」（『中右記』）と、人々は驚き噂したという。

正盛は、白河・鳥羽院に仕え、隠岐・但馬そして瀬戸内の豊穣な地・備前守を歴任して富裕になり、平氏の勢力基盤をつくり、一門の繁栄の基礎を築き、蓄えた財で石清水《いわしみず》八幡宮の大塔、白河の泉殿の御所内に九体阿弥陀堂を建立して、従四位下となり清盛四歳のとき亡くなった。

父と母は誰か

『公卿補任《くぎょうぶにん》』は清盛の父を忠盛としているが、母の名はない。父忠盛は正盛の子として永長元年（一〇九六）に生まれ、仁平三年（一一五三）五十八歳、正四位上で死去。清盛三十六歳のときであった。

父忠盛は、正盛と同じく北面の武士として都の警備、強盗の追捕などに従事し、とくに瀬戸内海の海賊の討伐で名を挙げ大国である越前・備前・播磨国の受領《ずりょう》となり、西国に勢力基盤を広め、東国の源氏と国内を二分した。また正盛に倣い鳥羽院へ豊富な富で仏像千一体を収める得長寿院《とくちょうじゅいん》（白河六勝寺《ろくしょうじ》内・現平安神宮南）を建立・寄進し、その賞で武士で初めて内昇殿を許された。『中右記』は「この人の昇殿猶未曾有の事なり」と記し、『平家物語』は伝統貴族から嫌がらせを受けたという。

忠盛は、院領肥前国神崎荘の預所のとき、大宰府を無視して宋と密貿易を行い、手に入れた珍品を鳥羽院に贈るなどして鳥羽院に尽くした。そのご鳥羽院に引き立てられ后待賢門院《たいけんもんいん》の別当、院御厩《いんのみうまや》別当を務め、鳥羽院庁の別当となった。忠盛が亡くなったとき左大臣であった藤原頼長《よりなが》は、「数国の吏を経て、富巨万を累ね、奴僕国に満ち、武威人に軼ぐ。然れども人となり恭倹にして、未だかって奢侈の行いあらず、時の人これを惜しむ」と日記『宇槐記《うかいき》抄《しょう》』にその人柄を記している。

正盛、忠盛に共通するのは
①院の近臣に取り入り情報を入手、仲介をしてもらうこと
②武力をもって院の期待に応えること

③その賞で大国の受領になり富を蓄え、院に寺院を建立、寄進して位階・官職をあげ家格を上昇させること
であった。

清盛は、このやり方を踏襲し、一方で伝統貴族に倣い婚姻政策を通して、一族の繁栄と安定を図った。建春門院や妻時子の計らいで二女徳子（時子の実子）を、高倉に入内《じゅだい》させ家格を上げ、三女盛子《もりこ》を藤原邦綱《くにつな》の協力で関白基実に、五女寛子《ひろこ》をその子基通《もとみち》に嫁がせ、摂関家の財産を支配し経済基盤を盤石にした。祖父正盛が仕えた白河院の近臣顕季《あきすえ》の孫で、「天下事一向帰家成」（『長秋記』）と云われた鳥羽院の近臣家成《いえなり》に、継母藤原宗子《むねこ》（池禅尼《いけのぜんに》）の計らいで近づき、家成の長男隆季《たかすえ》の息子隆房《たかふさ》に娘を嫁がせ、隆季の弟「後白河ノ男ノオボエ」（『愚管抄』）成親《なりちか》の妹経子《つねこ》を長男重盛《しげもり》の嫁にし、その子清経《きよつね》は成親の娘と、さらに重盛と官女との間に儲けた長男維盛《これもり》を成親の娘と結婚させた。さらに清盛の弟教盛《のりもり》は、娘を成親の息子成《なり》経《つね》に嫁がせている。

清盛は、伝統貴族との間に人脈を張り巡らし、貴族社会での安定をはかったが、建春門院の死を契機に、後白河との関係が悪化し、成親はもちろん貴族の大半は君主後白河につき、反平氏派となった。故摂政基実の子基通（清盛の娘盛子・義母）も清盛死後の都落ち（寿永二年〈一一八三〉）のとき平氏を裏切り後白河のもとへ走るなど、婚姻政策は役に立たなかっ

たのである。

清盛は、祖父・父が残したサイクルを踏襲、さらに発展させて太政大臣《だいじょう》にまで昇りつめた。この清盛の異常な出世を「白河院の落胤《らくいん》」だったから、という説がある。

清盛は白河院の落胤か（落胤説）

父について『平家物語』は、「白河院が祇園女御に産ませた子を、忠盛がもらい下げ育てた」という。また、大正初年に『仏舎利相承系図』という古文書が滋賀県の湖東にある「胡宮《このみや》神社」（滋賀県多賀町）で発見され、その古文書には、「白河院が祇園女御の妹を院に召し、懐妊後忠盛に下賜され、忠盛は自分の子とし、姉の祇園女御が清盛を育てた」とある。しかし、「この系図の年号、姉妹は後世の追記であり、これをもとにした落胤説は成り立たない」というのが通説になり、この系図を根拠とする落胤説はなくなった。

『中右記』（藤原宗忠《むねただ》の日記）には、「忠盛の妻が白河院の御所近くで急逝した」とある。清盛の実母とは書いていないが、白河院に仕えていたこの女房が清盛の母で、祖父正盛・父忠盛と親しかった祇園女御が、気の毒に思い清盛を養育した、というのが通説である（川合二〇一四）。

それでも元木泰雄氏は「当時大臣に昇進するには天皇・摂関とのミウチ関係が不可欠であっ

た。王家と何らかのミウチ関係があったとすれば、『平家物語』が説く皇胤説しか考えられない。院近臣家出身でしかない清盛が、容易に太政大臣まで登り詰めることができた原因は、皇胤とする以外に説明がつかない。それを朝廷が公認したからである」（元木　二〇〇二）と、強く落胤説を唱えている。

『平家物語』は一方で、鹿ケ谷事件のとき首謀者の一人西光《さいこう》が、斬殺される前に清盛は幼児の頃人々に笑われていたと放言したというが、落胤だったとは言っていない。また、『玉葉』の記主兼実も、清盛が死去したとき、生前の行為をひどく非難しているが、出自についてはふれていない。落胤が真実であったなら記述があってもよさそうなものであるがない。しかし、清盛の出自についての史料はほかにないので、いずれにしても断定することはできない。

父忠盛も公卿一歩手前まで出世したが公卿にはなれず諸大夫《しょたいふ》止まりであった。白河院の近臣で「夜の関白」（『今鏡』）といわれた藤原顕隆《あきたか》、先述した鳥羽院の近臣藤原家成も中納言止まりであった。後白河院の寵臣で「アサマシキ程ニ御寵アリケリ」（『愚管抄』）の藤原信《のぶ》頼《より》も大将・大納言になりたくて平治の乱を起したのである。それほど大納言になるには家格が大事であった。だからと言って四位の軍事貴族出身の清盛の異例な昇進を、落胤でないと説明がつかないという理由で押し切るのは無理がある。

そこで、清盛の異例な出世がどのような政治情勢の中で実現したのか、清盛と昇進させた側との関係を検討しよう。

妻・子・兄弟

清盛の正室は、堂上《とうしょう》（貴族）平氏である平時信《ときのぶ》の娘時子である。母は半物《はしたもの》（身分の低い者）で清盛の右腕といわれ「平氏にあらずんば人に非ず」（『平家物語』）と豪語したという、のちに権大納言になった時忠《ときただ》と同母である。異母妹に後白河の后となり高倉天皇の母となった滋子、義弟には終生後白河に仕えた親宗《ちかむね》、他に宗盛の妻などがいる。

子には、最初の妻である右近将監高階基章《もとあき》の娘との間に嫡男重盛、翌年基盛《もともり》が生まれたが、基盛は若くして亡くなった。時子との間には、建春門院の猶子《ゆうし》となり、重盛死後棟梁となった内大臣宗盛《むねもり》、武将で清盛の最愛の息子であった権中納言知盛《とももり》、東大寺を焼き、一の谷合戦で捕われた非参議重衡《しげひら》、娘には高倉天皇の中宮になり、壇ノ浦で溺死した安徳天皇の母建礼門院徳子、さらに他の女との間に九歳で関白基実の妻となった盛子などがいる。

清盛の兄弟は、異母弟（母は忠盛の正室宗子・池禅尼）権大納言頼盛《よりもり》、ほかに異母弟の武将で歌人だった参議経盛《つねもり》、院近臣の中納言教盛《のりもり》、一の谷で死んだ歌人の播磨守忠度《ただのり》などであった。経盛・教盛は壇ノ浦で水死、一族の中でもともと異端者であった頼盛は、都落ちのとき後白河院に助けを求め、頼朝《よりとも》の庇護で権大納言に再任され、知行国・荘園も返され一族の中で唯一無傷で生き残った。

図3　清盛の系図

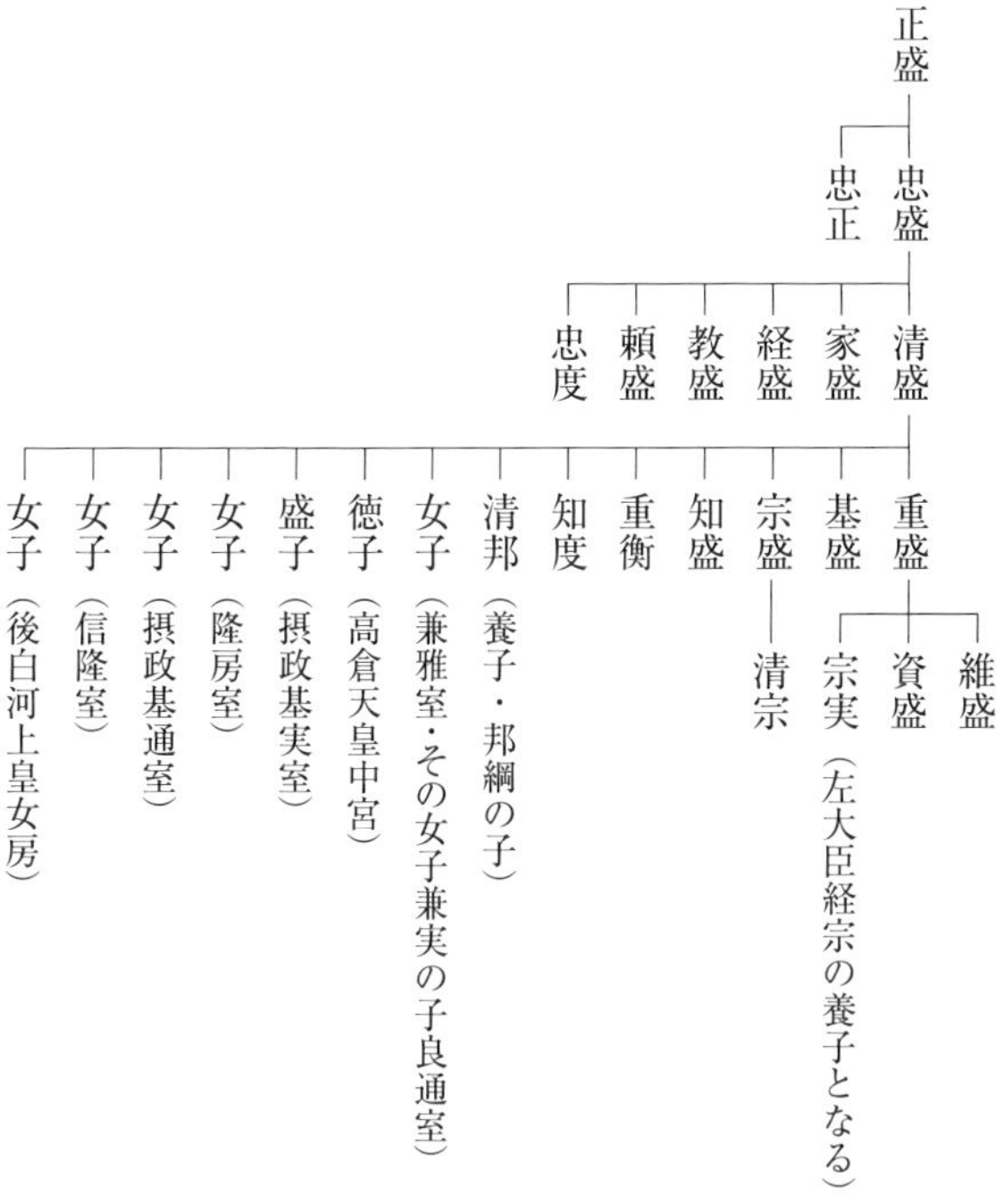

表２　清盛の経歴

年号　（西暦）	年齢	事績	関連事項
元永元年（1118）		生まれる	
大治４年（1129）	12	1月　従5位下・左兵衛佐になる	
保延３年（1137）	20	1月　肥後守になる	
久安２年（1146）	29	2月　正4位下になる	
3　（1147）	30	6月　祇園闘乱事件起こす	
仁平元年（1151）	34	2月　安芸守になる	
保元元年（1156）	39	7月　保元の乱参戦・播磨守になる	
3　（1158）	41	8月　太宰大弐になる	
平治元年（1159）	42	12月　平治の乱参戦	
永暦元年（1160）	43	2月　藤原経宗・惟方を捕まえる	
		6月　正3位になる	
		8月　参議になる	
応保元年（1161）	44	1月　検非違使別当になる	9月滋子、憲仁を生む
		9月　権中納言になる	
2　（1162）	45	4月　皇太后宮権大夫になる	
長寛２年（1164）	47	9月　厳島神社に平家納経奉納する	4月盛子、基実と結婚
永万元年（1165）	48	8月　従2位・権大納言になる	7月二条死去。六条即位
		12月　憲仁親王の別当になる	
仁安元年（1166）	49	10月　憲仁皇太子の春宮大夫になる	
		11月　正2位・内大臣になる	
2　（1167）	50	2月　従1位・太政大臣になる	
		5月　太政大臣を辞任する	
3　（1168）	51	2月　病気になる。出家（静海）する	2月憲仁、天皇になる
嘉応元年（1169）	52	12月　山門強訴事件	4月滋子、建春門院となる
2　（1170）	53	7月　殿下乗合事件	
承安２年（1172）	55		2月徳子中宮になる
3　（1173）	56	大輪田泊改修（経ヶ島）着工	
安元２年（1176）	59		7月建春門院死去
治承元年（1177）	60	1月　重盛・宗盛　左右大将になる	
		3月　山門強訴事件	
		6月　鹿ケ谷事件	
2　（1178）	61		11月安徳生まれる
3　（1179）	62	11月　政変（後白河幽閉・基房配流）	
4　（1180）	63	5月　以仁王の乱起きる	2月安徳受禅、高倉上皇
		6月　福原遷都する	
		10月　富士川合戦負ける	
		11月　還都	
		12月　東大寺・興福寺を焼く	
5　（1181）	64	閏2月4日　清盛死去	1月　高倉上皇死去

2　清盛の生きた時代　院政・争乱の時代

鳥羽院は、子の崇徳《すとく》天皇（一一一九〜一一六四）を白河院（鳥羽院の祖父）の子であると信じ崇徳を嫌った。そして、永治元年（一一四一）、后藤原得子《とくし》（美福門院《びふく》）が産んだ体仁《なりひと》（のちの近衛《このえ》天皇）に譲位するよう崇徳に迫った。体仁を養子としていた崇徳は、鳥羽院に代わって養父として上皇になり院政を始められると思い承諾した。しかし、宣命には「天皇、皇太弟《こうたい てい》に譲位」と、体仁を「皇太子」ではなく「皇太弟」と書かれていたと、公卿などの日記や史料から集めた『百錬抄《ひゃくれんしょう》』は記している。崇徳は、当然「皇太子」であると思い込んでいた。院政は直系でなくてはならず「皇太弟」では、天皇の父とし院政を行うことができない。崇徳は鳥羽院や美福門院にだまされた。この事件がのちにおきた保元の乱の原因となったのである。

近衛は三歳で即位し十七歳で死去。皇子がいなかったため問題が生じた。『愚管抄』は、「鳥羽院は誰にするか悩んだ。四宮である雅仁《まさひと》親王（のちの後白河）は、待賢門院の子で崇徳と同宿していたが、天皇になれると夢にも思わず今様《いまよう》など遊芸を好み、深夜まで身分を問わず人を集めて遊んでいた。そのため即位の器量はないと思われ近衛の姉の八条院を女帝にするか、崇徳の皇子重仁《しげひと》か、それとも雅仁の子の幼い守仁《もりひと》（のちの二条天皇）にするか迷って、関白忠通に意見を求めた。忠通《ただみち》は、美福門院の意向が守仁であることを知り、父の雅仁親王をまずならせ、のちに守仁をならせてはいかがかと答え、鳥羽院は承諾した」と記している。

中継ぎ天皇・後白河

この筋書きを考えたのを『愚管抄』は関白忠通《ただみち》とする。龍粛氏も「愚管抄の所伝から推考して見れば、あるいは時の関白忠通ではなかったかと察せられる」（龍粛　一九六二）と。これに対して橋本義彦氏は「信西入道藤原通憲ではなかったろうか」（橋本　一九六四）とする。信西《しんぜい》は出家後の名で名前を藤原通憲《みちのり》といい、学者の家に生まれ学生抜群（『愚管抄』）であったが身分が低いため、正五位下・少納言《しょうなごん》で鳥羽院の判官代《ほうがんだい》を務める院司であった。そのため出世を諦め出家を鳥羽院に申し出た。鳥羽院は側近の藤原顕頼《あきより》に意見を求めた。顕頼は信西の能力を惜しみ反対したが、それでも信西は三十九歳で出家したという。久安四年（一一四八）顕頼が死去、代わって鳥羽院の側近となった。

橋本氏は、「信西が、近衛天皇が重篤になったとき、美福門院が養子にしていた雅仁（後白河）の子守仁（二条）を、次期天皇にしたい意向であることを知り、父をさて置いて子を即位させることは未だないことであると説得し、忠通から鳥羽院に進言させ、鳥羽院も寵愛する美福門院の意向と知り承諾した。信西は後白河を中継ぎとして即位させた」とする。『兵範記』

によると、鳥羽院は後白河を即位させるとき、権大納言藤原公教《きんのり》ほか近臣に議定させ、忠通の意見も聴いた（「王者議定」）。しかし、三年後二条に譲位させるとき、「仏と仏の評定」美福門院と信西の二人で決め、忠通は加わっていなかったという。『愚管抄』は忠通が進言したとする。ならば当然二条に譲位させる談合に、加わっていてもおかしくないはずであるのに関与していなかったという。橋本氏の信西説をとりたい。

信西の妻朝子（紀ノ二位）は後白河の乳母で、信西は後白河の性格を熟知していた。後白河は十余歳のときから今様を好み、一日中謡いあかし兄崇徳は、「文にもあらず、武にもあらぬ」（保元の乱のことを記した軍記物の『保元物語』）と言ったといい、当時右大臣であった九条兼実は、日記『玉葉』に「比較しようのないほどの暗主なり」（『玉葉』寿永三年三月十六日条）と、信西が語ったと記している。信西はこの過程で政治に疎い後白河を即位させ、自ら執権となり政治を行うことを目論んだものと思われる。

保元の乱　武士清盛の台頭

崇徳は鳥羽院を恨んだ。鳥羽院は死後必ず内乱がおきると確信していたのであろう死ぬ直前に、源為義《ためよし》、平清盛など十人ほどの武士に、美福門院に忠誠を尽くす誓文を提出させ、関白忠通以下公卿にも、美福門院に従うよう指示して保元元年（一一五六）七月二日に亡くなった（『愚管抄』）。鳥羽院はなぜ后の美福門院を中心に政治を行うよう遺言したのであろうか。推測ではあるが、身分が低く、かつ出家している信西に従えとは言えないので、美福門院の名を使ったと思われる。

鳥羽の死後、信西が中心になり反後白河勢力の崇徳・頼長を挑発し、九日後の七月十一日、天皇側が夜襲をかけ、上皇側に勝った（『保元の乱』）。この乱は皇位継承問題で後白河天皇と崇徳上皇が、摂関家の相続争いで長男忠通と父忠実・次男頼長が対立、これに摂関家の私兵であった源氏は、長男義朝《よしとも》が天皇側に、父為義《ためよし》と子の為朝《ためとも》が上皇側に、平氏は清盛が天皇側に、伯父忠正《ただまさ》が上皇側に別れて戦った。『愚管抄』も「鳥羽院ウセサセ給テ後、日本国ノ乱逆ト云ウコトハヲコリテ後ムサノ世ニナリニケルナリ」と、この乱が武家時代の幕開けであり、武家社会の到来と位置づけ、中世の始まりであると述べている。

天皇側は、関東を勢力圏とする源義朝《よしとも》軍二〇〇人が主戦力で、これに対し畿内・西国を勢力圏とする清盛率いる平氏軍は、敵味方の中でも一番多い三〇〇人、平氏軍の動向次第で勝負は分からない状況にあった。清盛の父忠盛の後妻宗子《むねこ》（池禅尼）は、崇徳の子重仁《しげひと》の乳母であった。その関係で清盛は上皇側とも思われていたが、去就を明らかにせず中立の立場をとっていた。そんなとき天皇側の信西が美福門院と謀り、清盛に鳥羽院の遺言と言って天皇側につくよう要請した。清盛は、この時を待っていたかのように誘いにのったという。清盛率いる平氏軍は、夜討ちを提案するなど主戦力として戦った源義朝に比べ、目覚しい功績はなかったが、戦況を有利にした功績は大で、戦後多くの恩賞をえて、平氏繁栄の基盤作りに成功した。

戦後実権を握った信西は、極刑である死罪を復活させた。後白河は兄崇徳を讃岐に配流することに同意、崇徳は京に帰ることなく配流先で亡くなった。忠実は幽閉、頼長は逃走中流れ矢に当たり死んだ。後白河は、源平合戦のとき八歳で海に身を投じた安徳や源頼朝に追われた義経を助けようともしなかったように、利用できるうちは重宝がり、利用できなくなれば切って棄てるという冷酷な性格で兄崇徳に手を差しのべようともしなかった。

乱の最中に勝利を確信した後白河は、摂関家の氏長者を忠通とする宣旨を下した（『愚管抄』）。これを機に氏長者の継承指名権も、天皇が有することになり、以後摂関家はその決定に従うことになり衰退した。摂関家の弱体を狙っていた信西の策だったのではないだろうか。

後白河は幼少のときから天皇候補にもあげられず埒外におかれていたので国の統治、教養など天皇に必要な教育を受けないまま即位した。そのため政治への関心、為政者としての自覚も乏しかった。在位三年（久寿二年〈一一五五〉七月から保元三年〈一一五八〉八月まで）の間、「天下の執権」（『愚管抄』）信西が国政をとり仕切り、大胆な国政改革と戦後処理をおこなった。

清盛は勲功で播磨守、その後大宰大弐に昇進した。信西が進める内裏の仁寿殿、貞観殿、陰明門などの主要な建物の再建に協力し、平氏の知行国は乱以前の安芸国、常陸国の二ヵ国から、播磨国、淡路国が増え四ヵ国になり、長男重盛も従五位上に昇進、頼盛・教盛も昇殿が許された。『愚管抄』によると清盛は、信西の子成範《しげのり》を婿にしたと記しているが、実際は婚約だけでそれも解約したようだ。しかし、その後成範は清盛が辞任した播磨守、大宰大弐の後任となっており、清盛は信西（平治の乱で自害）亡き後も信西一家との関係維持を図っていたのである。

図4　摂関家の系図

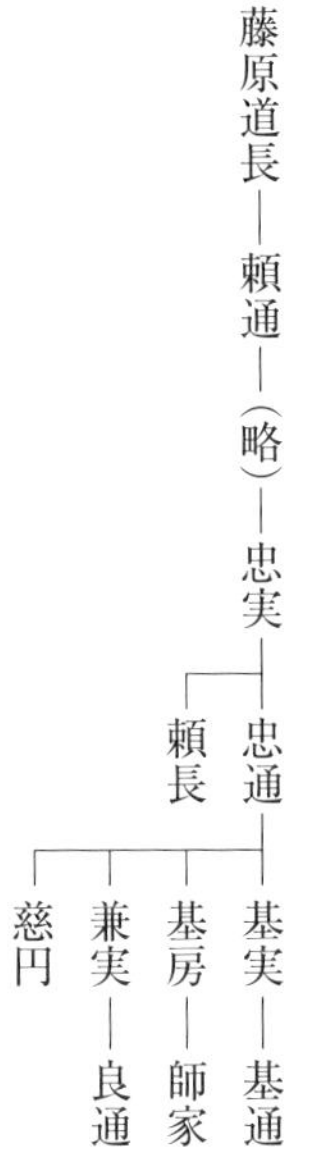

図5　源氏の系図

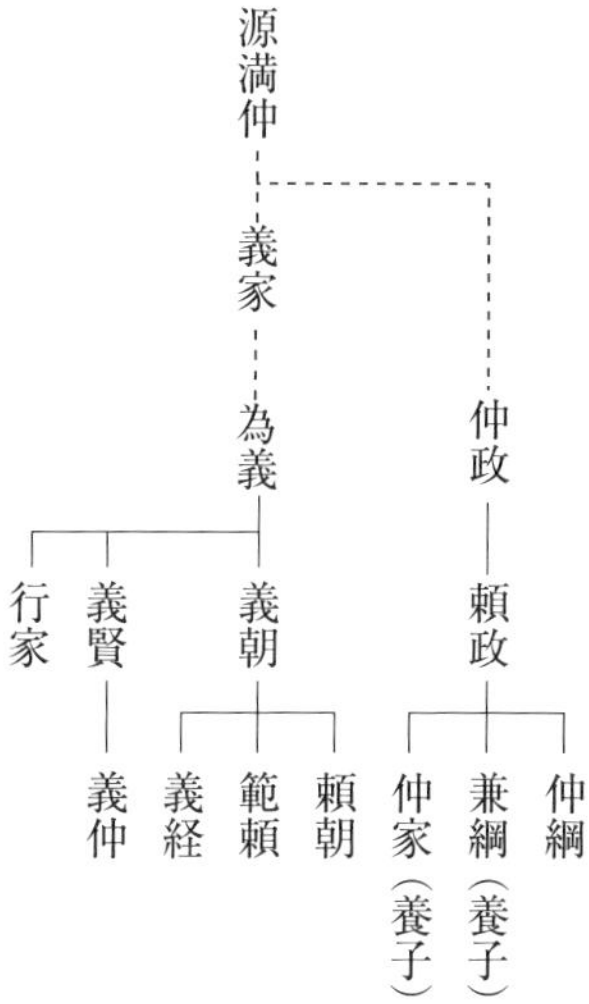

平治の乱　政界進出・栄華の始まり

保元三年八月、美福門院と信西が話し合い、後白河を退位させ、子二条に譲位させたという（『兵範記』八月四日条）。保元の乱後、権力を一手に握った執権信西と、後白河の寵臣権中納言藤原信頼《のぶより》が権力を巡って対立し、信頼と二条天皇の側近で院政を嫌う天皇の母懿子《いし》の弟権大納言藤原経宗《つねむね》、妻の母が二条の乳母であった検非違使別当藤原惟方《これかた》が、打倒信西で手を結び、これに保元の乱での勲功評価などで信西を恨んでいた源義朝が加わり、清盛が熊野詣に出発するのを見届けた後、後白河と二条を内裏に押し込め、信西が執務していた後白河の御所三条東殿を襲った。しかし、信西はいち早く察知して逃げたが、途中追っ手に追い詰められ自害した。信西を倒した信頼は、後白河を裏切り、二条の名のもとで自ら政治を始めた。成り行きをみていた内大臣公教など二条派の公卿は、信頼と行動を共にしている経宗・惟方を説得、熊野詣の途中引き返した清盛の協力を得て二条を救出し、清盛の六波羅邸に移した後、清盛率いる平氏軍が反逆者信頼を討ち、義朝も逃げる途中家人に斬殺された。

この平治の乱は、二条親政派の公卿が、院近臣の仲間割れに便乗し、源氏に対抗できる平氏を取り込み、院政派を滅ぼし、天皇による政治を目指したものである。清盛は乱後、武士で初めて正三位・参議となり、翌年（応保元年〈一一六一〉）権中納言に昇進した。累代大国受領系の公卿で白河院に仕えた藤原顕隆《あきたか》、鳥羽院の近臣藤原家成も中納言止まりであった。この院近臣と大納言になれる大臣家・羽林《うりん》家とは、超えるに超えられない一線

写真１　平治の乱（三条東殿）

があった。平治の乱の首謀者信頼も、この一線を越えたくて乱を起したのである。清盛はその一線にまで昇りつめたのである。では、この乱での清盛の役割はなんであったのであろうか。

清盛の働きについては二段階ある。一つは、二条救出計画段階での働きであり、二つ目は、戦いでの働きである。戦いは武士である清盛の本職であり、いかに手際よく相手を倒し勝利するかがポイントであった。清盛は、戦いを見守る天皇や公卿の前で作戦を練り、平氏軍は勿論のこと義朝勢から離脱して、平氏軍に加わった源頼政《よりまさ》などの源氏の武将を指揮し、京武者として整然と戦い見事大勝した。功績は戦上手で戦に長けた義朝を相手に命をかけて戦ったとしても、このときすでに大宰大弐であったから、せいぜい公卿として最下層の非参議・従三位あたりが妥当なところだったはずである。それが武士で初めて中納言にまで昇進したのである。厳格であった家格制度を曲げてまで、天皇はじめ多くの公卿が清盛を高く評価した要因は、戦い上手ではなく二条天皇救出計画段階での清盛の言動・働きにあったと考えられる。

一つ目の二条救出段階での清盛の働きについて、積極説と消極説がある。安田元久氏は、「武力的に義朝以下の源氏を圧倒していた清盛は、何よりも先ず、天皇・上皇を自分の側に奪還し、合戦の大義名分をたてることを考えた。また一方では、清盛の勢いの盛んな様子を見て、藤原経宗・惟方はたちまちに変心して清盛方に寝返ることを決意し、ひそかに清盛と連絡をつけていた。そこで清盛はこの二人を利用して、天皇・上皇の遷幸をはかることとなる。この天皇親政派の二人の変心は、あるいは彼等の始めからの予定行動であったかもしれない」(安田　二〇〇〇)と、清盛が公卿の打ち合わせに主導的立場で参画していたとする。上横手雅敬氏も「清盛は、信頼に名簿を提出し、服従の意志を示して油断させる一方、裏面から二条天皇の側近の藤原経宗・惟方と連絡をつけ」(上横手　二〇〇六)と、安田氏と同じく清盛積極説である。

これに対し五味文彦氏は「内大臣の三条公教が中心になって打開策を練った結果、二条天皇の側近を取り込み、熊野詣の最中にあった平清盛が六波羅に帰還するのを待ち、そこに天皇を迎え入れる」(五味　二〇一一a)と、清盛は公卿の指示に従っていたという消極説である。平治の乱についての史料は、『愚管抄』と戦記物の『平治物語』だけである。そのうち『平治物語』は、惟方の兄で左衛門督であった光頼《みつより》が、惟方に信頼と手を切り親政派に協力するよう諭す記述があるだけで、計画段階での清盛についての記述はなく、大半は合戦での勇壮で猛々しい武将姿の清盛である。したがって、積極説、消極説の根拠は『愚管抄』ということになる。

二条救出について、「日本古典文学大系」(岡見・赤松　一九六七)『愚管抄』は、二条親政派の右大臣公教などの公卿は、二条に仕えていた大納言経宗・検非違使別当惟方を寝返らせ、清盛が六波羅に帰っていることを確認した後、経宗・惟方に二条天皇を内裏から救出し、六波羅の清盛邸に行幸させる計画を立てた。惟方の親戚の尹明《ただあき》を関係者への連絡役として、清盛に参加を要請させた。清盛が承諾したので公教は、「ソノヨウハ、清盛・尹明ニコマカニオシヘケリ」と両者に救出手順・方法を詳細に教えた、と記している。これによると清盛は公卿の指示に従っていたに過ぎない。

これに対し中島悦次氏の『愚管抄全註解』(中島　一九六九)は、「そのやうは清盛、尹明にこまかに教へけり」と。また大隈和雄氏も『愚管抄全現代語訳』(大隅　二〇一二)で、「その手順は清盛が尹明にこまかに指図したのである」と、要請を受けた清盛が自ら戦術を練り尹明に説明、指示したとする。

その後謀反者信頼を油断させるため名簿《みょうぶ》を出すことになった。日本古典文学大系は、「清盛ハタヾ、『イカニモイカニモカヤウノ事ハ、人々ノ御ハカラヒニ候』」と云ったので、公教は自ら書き清盛の家人に提出させた。そして、帰ってきた家人に信頼の様子を聞いた公教は、「有ケルシタクノゴトクニシタリケル」と、計画通り実行するよう指示したという。大隅氏も同じ主張である。これに対し上横手雅敬氏は、「清盛が自ら立案、提出させた」とする(上横手　二〇〇六)。

熊野から引き返した清盛は、六波羅の屋敷に閉じ籠ったままだったという。たとえ部下や親しい公卿から情報を入手していたとしても、刻々と変わる内裏内の現場の状況を把みきれない清盛が、救出作戦を練り、現場にいる上位者に指示できるとは到底思えない。それよりも公教と内裏にいる惟方などが内密に打ち合わせし、尹明を清盛のところへ行かせ、方法・手順を教え、「清盛・尹明」に情報を共有させ、間違いを未然に防いだという古典文学大系の『愚管抄』の方がより戦術としては現実的である。この二条救出での清盛は、指示に従っていただけで、作戦立案に関与していなかったと思われる。

積極説は、その後の清盛の権勢からみて、清盛が源氏を倒し一強体制を狙っていた。また、清盛の権力志向が、この頃から始まっていたのではないかという憶測から、清盛が積極的に関わったとするものである。いずれにしても熊野から引き返し状況を見ていた清盛が、合戦以外のことについて公卿に指示・命令したとは考え難い。この段階での清盛は、『愚管抄』の記述通りあくまで武力要請を承諾し、公卿の打ち合わせに加わり、公卿の指示・命令に従っていたと考えるべきである。しかし、清盛は二条救出に武士を派遣して護衛させ、仮皇居として自邸を提供したことによって、公卿と親密な関係になり存在感が増していた。そのようなとき前関白で大殿と言われていた忠通と、子の関白基実が遅れて六波羅へやって来た。基実の妻が反逆者信頼の妹であったため、関白親子の受け入れに賛否両論があり、困った公教が清盛に意見を求めた。清盛は「参ラセ給ヒタランハ神妙ノ事ニテコソ候ヘ」(『愚管抄』)と、いろいろ考えたすえ来られたのであろうから、心よく歓迎したらどうかと言ったので、人びとは「アハレヨク申物カナ」（『愚管抄』）と感心したという。

救出計画段階での清盛は、公教・経宗などが「トカク議定シテ、六波羅へ行幸」（『愚管抄』）と決めたことを承諾し自邸を提供したにすぎなかったが、自邸に天皇を迎え、公卿との打ち合わせに参加するようになってから、政治的判断を求められるような存在になっていたのである。清盛は、義朝のような武威一辺倒でなく政治能力があり、「アナタコナタニシケルコソ」と『愚管抄』が記すようにバランス感覚がよかった。清盛は、当初源氏に対抗できる軍事勢力として参加を要請されたが、救出から戦いへと段階が移るに従い公卿なみの扱いを受けるようになっていたのである。

二条は文武両道を兼ね備えた二刀流の清盛を高く評価し、乱後武士で初めて永暦元年（一一六〇）八月、参議・右衛門督に昇進させ、翌年検非違使別当に任命し、都の治安を託し、九月に権中納言に昇進させた。清盛は軍事貴族として不動の地位を確保した。平治の乱での功績で平氏の知行国は、乱前の四ヵ国から越中・淡路・遠江・伊賀・伊予・尾張・常陸そして武蔵の八ヵ国になり、一族一門の財政は豊かになった。いつからか分からないが、清盛の妻時子は二条の乳母（『山槐記』応保元年十二月二十七日条）であったというから、清盛はもともと二条派であったに違いない。五味氏は「清盛は二条の乳父としてその後見にあたり、

写真２　清盛邸（六波羅）

信西の地位の継承を狙ったのであろう」（五味　二〇〇二）とするが、清盛は「アナタコナタ」ではあったが、二条・忠通・基実の下で職務を遂行しており、権力欲しさに積極的に画策し政治に介入した形跡は見当たらない。上横手氏は「宏量こそが、人びとの支持を得た原因であり、平治の乱は清盛のよさのすべてが出た合戦であった」（上横手二〇〇六）と評している。

平治の乱は、公卿が天皇を人質として、院政派と親政派に分かれ戦った権力闘争であった。権力闘争は、保元の乱以降武力で決着させることになり、武士の職務となった。清盛は保元の乱においては一大将であったが、平治の乱で源氏を倒し、ひとり勝ちになり、国家の軍事を担う官軍の総大将となった。貴族の傭兵が官兵として国の治安を取り仕切るまでに地位が上がり、軍事貴族として地位を不動にしたが、源氏を滅ぼし軍事を一手に掌握したいがため自ら進んで参加したのではない。保元の乱が「ムサノ世」（『愚管抄』）のはじめならば、平氏にとって平治の乱は、『玉葉』が指摘するように「繁栄・栄華」のはじめとなったのである。

第二章　清盛の出世

（平治の乱から二条天皇の死まで）

1　後白河上皇と二条天皇の争い　清盛、二条天皇を擁護

当時の王家と仏教は、牛角の如く互いに助けあう王法仏法相依の関係にあり、宗教界はこぞって神仏に篤い後白河を支持していた。院政期に熊野信仰が盛んになり、往復約一ヵ月もかかる熊野に、白河院九度、鳥羽院二十一度そして後白河は三十四度（三十三度という説もある）（馬場　二〇一〇）。後白河は参詣に先がけ熊野権現を院の御所法住寺の敷地内に勧請し、精進してから出発したという。参詣は永暦元年（一一六〇）から始まり、政権を争った二条天皇の死（永万元年）から建春門院が亡くなる（安元二年）までの約十年間、ほとんど毎年出かけ、とくに仁安三年（一一六八）頃は、清盛の後見を得て後白河・高倉体制が確立し、政権が安定したのであろう年に二度出かけている（94ページ）。

平氏が滅んだ後、後白河は源頼朝に「熊野の僧に与える米などを援助してほしい」と要請

し、頼朝はその要請に応じている（『吾妻鏡』文治二年二月九日、八月四日条）。文治三年にも要請があり、御家人に絹や布を割り当て、米千石を武蔵・上総国に供出させ、砂金も送ったという（『吾妻鏡』文治三年十月六日・十二月二日条）。

熊野御幸について神坂次郎氏は、「これらの御幸には、千ちかくの人馬を従え、一日の糧料（食糧）十六石～四十九石におよんだ一行もあった」といい、後白河の孫後鳥羽上皇の御幸に同行した藤原定家も、公卿・殿上人・随従者・護衛の武士など数百人が従っていたと記している（神坂　二〇〇六）。同行した者の食料、沿道の人民に与える米、同行する僧への謝礼物、神前への供物など多くの費用がかかったという。

後白河が頼朝に要請したのは、御願寺の建設と同じく裕福な臣下に負担させるという当時の慣習に従ったからであろう。では誰に負担させたか。『梁塵秘抄口伝集《りょうじんひしょうくでんしゅう》』によると清盛は初度に、寵臣藤原成親は十二度目（嘉応元年〈一一六九〉）のときに同行している（馬場　二〇一〇）。おそらくこの二人だったのではないか。

平氏一族は平治の乱で勝利に貢献し、その功績で伊予など八ヵ国を知行し、清盛が九州を統括する大宰大弐に就任して瀬戸内を掌握、さらに娘盛子を摂政基実と結婚させ摂関家領の管理権を得て裕福であった。また、後白河のお気に入り成親も昇進を重ね、越後・三河・美濃・尾張・近江の五ヵ国を知行し、建春門院が自身の御願寺最勝光院《さいしょうこういん》を建立した際、塩田荘

（信濃国）を寄進している。

清盛の負担は、後白河が白河院・鳥羽院にならい熊野参詣を強く望んでいることを知った建春門院が、清盛にスポンサー役を引き受けさせたように思う。そのご後白河は、毎回清盛一人に負担させておくわけにもいかず、成親に知行国を与え負担させたと考える。清盛は、仁安四年頃から移住していた福原で、千僧供養《せんそうくよう》を始めている。その供養に後白河は建春門院が死去するまで、熊野に二回行った承安三年（一一七三）を除いて毎年参加している。清盛は浮いた資金で始めたのではないか。

後白河は、神仏のみならず先述したように自ら『梁塵秘抄』を編纂するほど今様を好んだ。それ以外にも猿楽《さるがく》、田楽《でんがく》など多趣味で芸能に秀でた者を重宝し院近臣に抜擢、官職を与え昇進させた。そのため周りには芸能好きな中・下級貴族が多く集まった。

後白河は、院近臣同士が争った平治の乱で、執権信西など多くの近臣を失ったが、院共通の「法制にとらわれず意のまま」、それに天性の「思いのまま」を発揮して院政を始めた。一方、子の二条は、太政大臣で政道の意見書『大槐秘抄《だいかいひしょう》』を著した藤原伊通《これみち》から、帝王教育をうけ「末の世の賢王」（『今鏡《いまかがみ》』）と言われるほど自立心が強く意欲に燃えていた。

平治の乱で大きな役割を果たした二条親政派の権大納言経宗、検非違使別当惟方は、後白河の国政関与を阻止するため、後白河を幽閉した。後白河は「ワガ世ニアリナシハコノ惟方・

経宗ニアリ。コレヲ思フ程イマシメテマイラセヨ」(『愚管抄』)と、涙を流しながら捕縛するよう清盛に命じた。清盛は「保元の乱のとき私は上皇に味方し、このたびの平治の乱のときも、身命を惜しまず、命ぜられるまま忠節を尽くしました。ご命令であれば捕まえます」(『平治物語』)と応え二人を捕まえた。後白河は、院政を停止させ排除しようとする経宗・惟方が憎かったのである。すぐさま死罪にしようとしたが思いとどまり、経宗を阿波国、惟方は長門国、さらに信西の首を切った親政派の源光保《みつやす》・光宗《みつむね》を後白河への謀反という理由で配流した。その一方で流罪になっていた信西の子十二人を都に戻し、院の再構築を行った。

当時は白河・鳥羽と続く院政時代であった。側近を失った二条は、院政を再開した後白河のもと三、四年間は「院・内、申シ合ツ、同ジ御心ニテ」(『愚管抄』)と、大殿忠通・子の関白基実と共に後白河に従った(下向井 二〇一二)。応保元年(一一六一)九月、滋子が憲仁(のちの高倉天皇)を産んだ。このとき生まれたばかりの憲仁を、滋子の異母兄時忠が「ユ、シキ過言ヲシタリケルヨシ披露シテ」(『愚管抄』)と、清盛の弟で院近臣の教盛、後白河の寵臣成親などと共に「皇太子に立て奉らんと謀り」(『源平盛衰記』)と、立坊を画策し、後白河と二条は一触即発の関係となった。二条は、時忠を解官させ出雲国へ配流、教盛を解官、信範(建春門院・時忠・時子の叔父)を左遷、成親(清盛の長男重盛の妻の兄)などこの件に関わった院近臣多数を解官させるなど粛清を行った。清盛は教盛の代わりに弟の経盛を権左馬頭に就任（『公卿補任』）させ、一族への影響はほとんどなく乗り切った。

清盛の関与について元木泰雄氏は、「今回の義弟や異母弟の行動に同調することはなかった」（元木 二〇一二）とする。これに対し龍粛氏は「この院・内の争いと一門の策謀とに対して、清盛として内実は希求したところであったが、事態の表面化を恐れ、直接に関係したことの明らかとなった一，二を犠牲として、巧みに一家の安泰を謀り、立坊の陰謀を闇に葬り去った」（龍 一九六二）と、清盛はこの計画を知っていて期待しつつ、黙認していたとする。

これを機に二条は、後白河に院政を停止させ、「世ノ事ヲバ一向ニ行ハセマイラセテ」（『愚管抄』）と、忠通・基実と力を併せ政務を行った。二条は、翌応保二年（一一六二）三月、経宗と惟方を配流先から戻し、経宗を二年後の長寛二年（一一六四）、権大納言に復職させ政権を強化した。そして、「清盛モタレモ下ノ心ニハ、コノ後白河院ノ御世ニテ世ヲシロシメスコトヲバ、イカヾトノミオモヘケルニ」（『愚管抄』）と、清盛含め国民は二条親政を歓迎し、清盛は押小路東洞院にできた里内裏に詰所を設け、武士を常駐させ、昼夜を問わず警護させて、乳母夫として政権を支えた。清盛は二条に尽くす一方、皇子憲仁の将来を見据え、父忠盛が鳥羽院に得長寿院を寄進したように、後白河に蓮華王院（現在の三十三間堂）を建立・寄進して経済的奉仕を行った。後白河と二条との政権争いは、清盛によってかろうじて均衡が保たれていたのである。清盛が時忠・教盛の皇太子策謀を黙認していたのは、政局の動きをみるための「アナタコナタ」策であったと思われる。

蓮華王院の竣工供養のとき後白河は、二条に出席と関係者への恩賞を要請したが、二条は欠席（『百錬抄』は出席とする）、関係者への恩賞もなかったという。この対応に後白河は、「ヤ、、ナンノニクサニ、ナンノニクサニ」（『愚管抄』）と、涙を浮かべて嘆いたという。二条は、どちらかというと「法制にとらわれず意のまま」の特権を嫌ったというよりも、後白河生来の「思いのまま」の性格を嫌ったのではないだろうか。後白河は我が子から三行半を突きつけられ、政治への関与を拒まれた。

平治の乱後摂関家の大殿忠通が死去。太政大臣実行《さねゆき》、二条親政の実現に功績のあった内大臣公教、二条の指南役伊通など清盛より年長の重鎮が続いて死去し、清盛は年長者となり重鎮となり、存在感が増した。したがって、この頃の清盛の権力は、権力欲しさから自ら求めて得たものではない。

図6　後白河上皇の系図

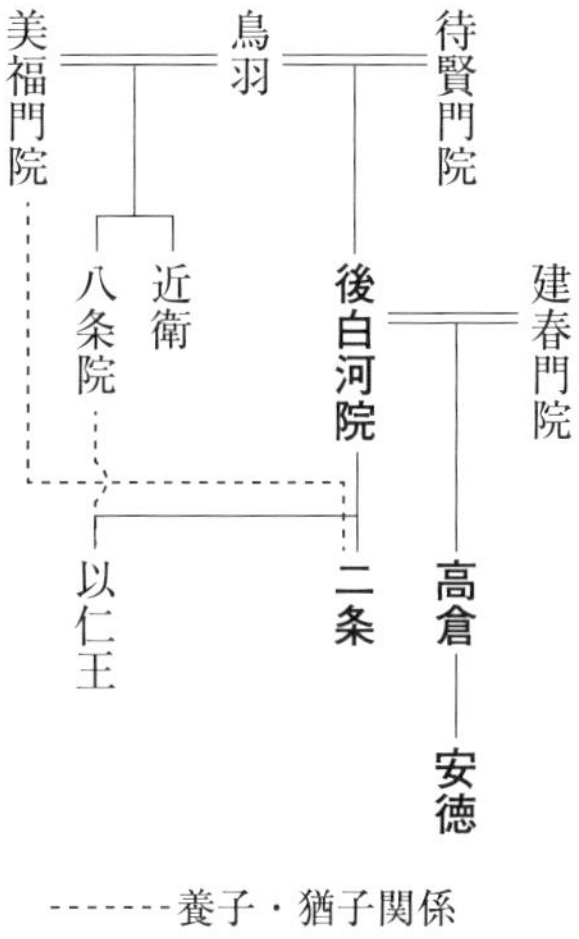

2　関白基実と娘盛子の婚姻　平氏の経済基盤確立

長寛元年（一一六三）延暦寺・興福寺などの宗徒の暴動事件が多発、地方でも反乱が起き、鎮圧のため平氏軍の出動が多くなった。平氏は、保元・平治の乱の功績で知行国《ちぎょうこく》が増え、一門の経済基盤は安定したが、源氏が滅び官軍となり軍事費が倍増した。平氏軍は、清盛が総大将でその下に棟梁の嫡男重盛がおり、三男宗盛以下一族の者が武将として独立し、それぞれが家人を抱え、その家人がさらに武士を抱えているという重層的組織（下向井 二〇一二）で平治の乱後、知行国が四から八ヵ国に増えたが、それでもまかなえず、あらたな財源が必要になった。清盛は、その収入源を知行国ではなく、摂関家の資産管理に着目、管領権（管理権）を掌握して管理と搾取によって、安定した収入を得ることを目論んだ。その手段が摂関家との婚姻であった。

『愚管抄』は「長寛二年四月十日関白中殿（基実《もとざね》）ヲバ清盛オサナキムスメニムコトリ中テ、北政所ニテアリケリ」と、清盛は当時九歳だった娘盛子を関白基実と結婚させ基実を娘婿にした。当時清盛は、政権の中枢にいて二条天皇の信頼が厚かったとはいえ、武家出身の権中納言にすぎなかった。そのため摂関家との婚姻は難しく、摂関家の内情に詳しい助言者が必要であったはずである。おそらく仲介したのは藤原邦綱《くにつな》ではなかったろうか。

摂関家は平治の乱で源氏が滅び荘園・知行国の管理に困り、平氏を頼った。邦綱は、摂関家の家人で前関白の大殿忠通の「左右ナキ者」（『愚管抄』）で、島津荘（現鹿児島県・宮崎県の一部）など各地の荘園の管理・和泉国の受領（家司《けいし》受領）となって摂関家の経済全般を担っていた。忠通死後、邦綱は清盛の権勢を見込んで近づきとり入っていたという（『平家物語』）。

基実の弟九条兼実（『玉葉』の記主）は、邦綱が死去したとき、「平禅門（清盛）藤原氏を滅亡させた。邦綱は清盛に加担した。故に春日大明神の罰を蒙ったのだろう」と、清盛の財産押領に加担したと厳しく批難している（『玉葉』治承五年閏二月二十三日条）。

清盛と二条とは、平治の乱のとき二条を皇居から救出し、自邸に迎えるなど親密な関係にあった。高倉誕生後、後白河は二条に退位を迫った。二条は検非違使別当の清盛を権中納言に昇進させ牵制させた。長寛二年（一一六四）忠通が亡くなった。清盛はそれを機に娘盛子と関白基実との結婚を二条に申し出て、二条は政治的配慮から容認したものと思われる。

この結婚を上横手雅敬氏は、「清盛としては摂政を女婿にして、思うまま政治を行なおうとしたのである」（上横手　二〇〇六）と、故忠通にならい摂関家の大殿となり、政権を掌握しようとしたとするが、この長寛二年当時基実は健在で二条の信頼も厚く政務に励んでいた。清盛はその基実を支えており、基実の頭越しに国政に関与していた事実は見あたらない。したがって、権力奪取の野望はなかったと考える。

清盛は、関白基実と盛子の婚姻によって摂関家の家産管理を始めた。三男宗盛・四男知盛《とももり》・五男重衡《しげひら》など、自分の手足として自由に使える一門の子弟や家人を、摂関家の家司《けいし》（役人）、職事《しきじ》（事務）の要職、地方の荘園の目代《もくだい》に至るまで、主要な管理部門に人を配置して管理した。一方、各荘園には武士を配置して、荘園内外の治安と公租の取り立てなどの任務にあたらせ、管理報酬として多くの手数料を得て収入源とし、さらに土地を検注、未開地を開拓させて領地拡大を図った。

諸国では、荘園管理を通してその地域の有力武士と主従関係を結び、在庁官人として取り立て地位を与え組織化して、平氏の軍事集団に組み込み、それらの荘園を核として他の武士集団を傘下におさめ、正規の国衙守護人とは別に平氏の御家人による軍事組織をつくった。国家的組織である国司や国衙役人よりも、私的主従関係を優先させたのである。

清盛は、この政略結婚で当面の課題であった軍事費の不足分を補って余りある財源を得て、以後一門の経済上の心配はなくなり、平氏一門は安定したのである。

図7　平氏と摂関家との婚姻関係

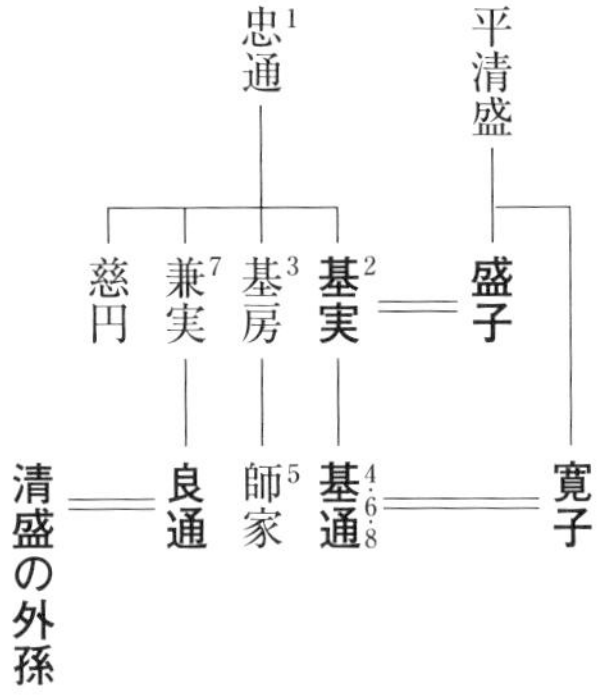

3 『平家納経』奉納　満足の証

清盛は一門三十二人で「法華経」の写経を行い、豪華絢爛たる装飾を施し長寛二年（一一六四）九月、厳島神社に奉納した。いわゆる国宝『平家納経』である。清盛はその願文に次のように記している。

久しく家門の福禄を保ち、夢感誤りなく、早く子弟の栄華を験す。今生の願望已に満ち、来世の妙果宜しく期すべし…又、往年の比、一沙門有り。弟子に相語りて曰く、菩提心を願うの者は、此の社に祈請せば、必ず発得すること有りと。斯の言を聞きし自り、偏に以って信受す。帰依の本意、蓋し茲に在り…三十二人、名一品一巻を分かち、善を尽くし、美を尽くさしむる所なり（小松　一九九五）

と、安芸守のころ夢に厳島大明神のご託宣を得て信仰してきた。その後家門の福禄、子弟の栄華がもたらされ『今生の願望』はすでに満たされた。ついては来世も極楽往生をお願いしますと記している。

奉納はその後も続き内大臣に就任すると、内大臣平朝臣清盛として「櫛筆」文書を、ついで太政大臣就任時には、「般若心経」の巻末・奥書に「太政大臣従一位平朝臣清盛書写之」と認め厳島へ向かった。太政大臣が京を離れ地方へ出た例はなく、初めてだったという。年来の目標を達成し、さらに昇進を重ね喜び抑えがたく、慣例を破ってでも厳島へ行きたかったのであろう。このように清盛は昇進するごとに、厳島神社に謝礼のため参詣していたのである。清盛が願文に「願望はすでに満たされた、来世の妙果を得たい」と書いたのは、四十七歳のときであり、院近臣で最高位の権中納言、これ以上の出世はないと思い、満足していたからではないだろうか。この記述は本心を隠蔽したのではなく清盛の本心だったと考える。その後昇進し太政大臣になれたのは、政治環境が一変し本人の意思とは関係なくチャンスがやって来たからである。

第三章　清盛と建春門院

（二条天皇の死から建春門院の死まで）

1　二条天皇の死と後白河院政の再開　清盛、後白河・高倉皇統の後見

父後白河の政治関与を拒んだ二条は、同じ齢の関白基実と力を合わせ政治を行った。この若い二人を側面から支えたのが、二条の乳母夫で、基実の義父清盛であった。二条は、永万元年（一一六五）六月、病気になり後白河を警戒して、二歳の子六条に譲位し、後を基実・清盛に託し翌七月亡くなった。清盛は、摂政基実を支援していたが、翌年七月、その基実も二条を追うように二十四歳の若さで急死した。血縁関係もなかった清盛は、二歳の六条を支えきれず、祖父後白河による院政が再開した。

二条親政の間、後白河はもとより皇子高倉を産んだ建春門院も表立って活動できなかったが、二条の死を契機に高倉の即位を模索しだした。時を同じくして二条親政派の右大臣経宗が六条を擁護、そして、新たに後白河の三男以仁王《もちひとおう》を猶子としていた鳥羽・近衛の正統を継

ぐ八条院が、建春門院の「そねみ」（『平家物語』）によって、十六歳になっても元服していなかった以仁王を、母方の叔父で後見の権中納言左衛門督藤原公光《きんみつ》、そして左少弁行隆《ゆきたか》を使って、『平家物語』の「二代后」（近衛・二条天皇妃）で有名な太皇太后宮多子《たし》の邸宅で元服させた（『顕広王記《あきひろおうき》』永万元年〈一一六五〉十二月十六日条）。

憲仁（高倉）は、以仁王が元服した十日後に親王《しんのう》になった。推測であるが以仁王の元服を知った建春門院が、五歳の我が子憲仁を親王にするべく、後白河に迫ったのであろう。後白河も成人した二条に院政を停止された苦い経験もあり、建春門院の要請を受け入れたものと思われる。その二日後、自邸を提供した多子は出家したという（『顕広王記』十二月二十七日条）。出家の原因は分からないが、建春門院の報復を恐れて自ら身を引いたのではないだろうか。後白河と建春門院は、反後白河・高倉の動きを警戒し急いで翌年憲仁を皇太子にした。

二条天皇亡きあと、正統を主張する六条天皇や後白河の二男以仁王を推す勢力が台頭し、後白河は清盛と連携する必要があった。建春門院も清盛以外に外戚がなく後見を清盛に託した。一方の清盛も、二条天皇に続いて娘盛子の夫摂政基実が死去し、摂関家の資産管理権を手放さなければならない状況にあり、後白河と建春門院の助言・援助を必要としていた。

清盛は『平家納経』の願文に「願望が満たされた」と記したように、この地位で満足していたはずなのに、その後太政大臣まで昇進した。昇進が早くなったのは、二条天皇が亡くなった（永万元年七月）直後からである。八月、清盛は権大納言に昇進した。一方、滋子が産んだ皇子憲仁は、先述したように同年十二月、五歳で親王になり、清盛は勅別当に就任、翌年の十月、憲仁が皇太子になったとき、春宮大夫になった。前年の大納言昇進は春宮大夫にするための先行人事だったのである。さらに憲仁が皇太子になった一ヵ月後の十一月に内大臣、翌仁安二年（一一六七）二月には太政大臣に昇進、五月に辞任している。憲仁はその翌年、即位し高倉天皇になった。清盛が政界を引退したのは、憲仁の天皇即位への道筋がついたのを確認したからであろう。このように憲仁が天皇への階段を昇るのと前後して、清盛も外戚として後見の立場を鮮明にしつつ昇進していたのである。この間の異例な昇進は、昇進をした清盛側の問題より、昇進をさせた後白河・建春門院側の問題の方がより深刻で、喫緊の問題があったからと言えるのではないだろうか。

清盛の異例な出世は、落胤だったからではなく後白河・建春門院が政権を安定させ、後白河・高倉という新しい皇統を確立するため、清盛を昇進させ、政界に睨みを利かさせるためだったのである。

したがって、清盛の昇進が同時代の昇進基準に合わない異例な出世を、根拠もない落胤だったからとするのは疑問で、昇進させた側の置かれていた立場、直面していた問題を原因と考えるべきである。

2　清盛の摂関家領押領と邦綱　邦綱、近衛家継承を清盛に託す

清盛は、基実と共に幼い六条天皇を支えていたその一方で、憲仁が親王になったとき別当となり後見を引き受けている。軸足を後白河へと徐々に移していたのである。その最中に娘婿の基実が急死し、娘盛子の結婚で得た摂関家領の管理権を手放さなければならない状況に陥った。『愚管抄』によると、そのとき故基実の家司で摂関家の内情に詳しい邦綱が、清盛に「新摂政基房（基実の弟）に、摂政付随の興福寺・平等院と鹿田・方上などの少しばかりの荘園を渡し、島津（鹿児島・宮崎の一部）以下の大方の荘園、宝物・東三条の御所などを基実の子基通が成人するまで後家の盛子（基通の義母）が相続するということにし、実質清盛が今まで通り管理すればよいのではないか」と、清盛に知恵を授けたという。

この話を聞いた清盛は「アダニ日ヲサマシ」と、大いに喜んで当時一般的であった「後家の相続」を主張し、氏長者の資産を基通が成人するまで、盛子（実質清盛）が預るという案を後白河に申し出て、「摂政（基実）薨の刻、以後かの家、禅門に属すべき由、院宣をくださる」（『玉葉』治承三年六月十八日条）と、承諾を得たというが疑問がある。一つは邦綱が清盛に知恵を授けた邦綱の目的はなんだったか。二つ目は清盛に都合の良い身勝手な申し入れを後白河はなぜ丸呑みしたかの二点である。

一つ目の邦綱の目的について元木泰雄氏は、「受領として内裏再建などに活躍しながら豪富を築いた。そして、二条親政、後白河院政に等距離を置きながら政界を遊泳し、同じたちばの清盛に接近していった」（元木　二〇〇二）という。このように清盛の権勢をたよりに出世したかったから、というのが通説である。それに対して佐伯智広氏は、「おそらく基実の遺児基通の存在にあったと思われる。基房が全摂政家領を相続し、摂関家の完全な後継者となった場合、その後の摂政・氏長者の地位は当然基房の子孫に受け継がれることになり、基通は摂関家の傍流の立場に置かれることになる。しかし、基房が摂関家領のごく一部のみを相続し、大部分は基実の後家である盛子が相続して、基通を後見する（基通の母は藤原信頼の妹であるが、盛子は基通の養母になっている）のであれば、基房はいわば中継ぎの摂政であり、将来的には基通が摂関家を継承するということになるであろう。早くから基実に仕えていた邦綱にとって、重要なのは基実の遺児基通に摂関家を継承させることだったのではないかと考えられる」（佐伯　二〇一四）とする。

佐伯智弘氏は、邦綱が摂関家を基通に継がせるため、摂関家領の相続を餌に、困っている清盛に近づき利用したのではないかというのである。通説の蓄財と出世よりわかり易く納得しやすいが、邦綱が押領事件後も引き続き関わったか検証がない。さらに佐伯氏は、邦綱死後、その想いを引き継いだのは「冷泉局」とするが、これについても検証がない。そこで、その後の基通と邦綱の関係を後で検証する（１４５ページ）。

邦綱は、保安二年（一一二一）正月一日の生まれで清盛より三歳年下であった。父は従五位下右馬権助藤原盛国《もりくに》、母は散位従五位下藤原公長《きみなが》の娘で両家とも中流貴族の下層の出身であったが、清盛の引きで正二位権大納言となり六十一歳で亡くなった。

邦綱の出世は、内裏が火事のとき困っていた近衛天皇を救った。難を逃れた近衛が、関白忠通に登用するよう命じたという。忠通に引き立てられた邦綱は、摂関家の家司となり、荘園の預所や知行国の受領を経て、摂関家の経済全般を管理した。高倉が皇太子になったとき、清盛の推薦で春宮権大夫《とうぐうごんたいふ》に就任している。兼実は日記『玉葉』に「権大夫邦綱卿（前参議、如何、如何）」（仁安元年十月十日条）なぜ・どうしてだろうと記している。権大夫には中納言か現役の参議がなるのが通例で、前参議で従三位・右京大夫であった邦綱が就く官職ではなかったからであろう。当時権大納言であった清盛が、摂関家領相続の件で世話になったお礼として推薦したものと思われる。その後も清盛と行動をともにして、親平氏派の公卿として内裏に詰め、高倉を補佐する一方、平氏に反発する公卿との融和、調整役を務めた。

二つ目の疑問。後白河は、保元・平治の乱のとき清盛に助けられたという恩義があつたとしても、氏長者になった摂政基房に返すか、後院領として収奪してもよかったのに、なぜ承諾したのであろうか。当時六条天皇を擁護する徳大寺派、以仁王を推す八条院などが正統性を主張し、中継ぎとして即位した後白河体制は不安定であった。反後白河勢力を抑えるのに、平氏の後ろ盾が不可欠で清盛に恩を売り、体制内に組み込んでおく必要があった。しかし、当時後家の相続が認められ（大隅・西口　一九八九）、かつ政権が不安定だったとしても権謀術数を好み一筋縄では行かない後白河がなぜ承諾したか。推測ではあるが実子憲仁を即位させたい建春門院が、八条院が推す以仁王を警戒し、この件に介入したからと思う。

『愚管抄』は

東三条院ノ御所ニイタルマデ総領シテ、邦綱北政所ノ御後見ニテ、コノ近衛殿ノ若君ナル、ヤシナヒテ、世ノ政ハミナ院ノ御サタニナシテ、建春門院ハソノ時小弁殿トテ候ケル、時信ガムスメ、清盛ノ妻ノ弟ナリケレバ、コレト一ニトリナシテ、後白河院皇子小弁殿ウミマイラセテモチタリケルヲ、ヤガテ東三条ニワタシマイラセテ、仁安二年十月十日東宮ニタテマイラセテケリ（仁安二年は誤り、仁安元年が正しい）

清盛と建春門院は、親密な関係にあったという。建春門院は憲仁の後見を清盛に頼み、清盛は摂関家領の安堵を条件に後見を引き受けるという約束を交わしたのではないだろうか。望みがかなった清盛は、憲仁が皇太子になったとき、約束通り自ら春宮大夫となり、邦綱を権大夫に抜擢、その下に亮《すけ》大夫《たいふ》兼蔵人頭《くろうどのとう》に教盛、大進に知盛を配し高倉の後見を一族・一門で引き受けた。そして、二ヵ月後の高倉の立太子式には、盛子が相続した摂関家の本邸である東三条の御所を提供し、盛大に行わせたのである。清盛は高倉が皇太子になった翌月内大臣《ないだいじん》に、三ヵ月後の仁安二年二月、太政大臣に昇進した。その間重盛も権大納言になり、重盛に家督を譲り（『兵範記』仁安二年五月十七日条）辞任したのである。

三ヵ月後の八月、朝廷はその功績を称え「以播磨国印南野。肥前国杵島郡。肥後国御代郡南郷土比郷等為大功田。伝子孫」（『公卿補任』）と、播磨・肥前・肥後国の三ヵ所計百町を大功田として与えたという。この三ヵ所の共通点は、いずれも干潟である。干拓し農地または塩田にしようとしたのではないだろうか（中島　二〇一六）。さらに朝廷は翌年（仁安三年）二月、清盛が病に倒れ重篤になったとき、保元、平治の両乱を鎮め、国家の安定に尽くしたという理由で大赦を実施した。

当時の政治上の問題には、皇統の正統を主張する六条派、以仁王を推す八条院などの反後白河派との確執、山門（延暦寺）との争いがあり、後白河は軍事を有する清盛と同盟関係を結んでおく必要があったのである。一方の清盛も一族の安定・繁栄を望んでいた。この摂家領の相続を契機に後白河院政の蔭の実力者建春門院と心を一つにして協力関係を結び二人三脚を始めたのである。建春門院は、平氏の後ろ盾をえて、それに異母兄弟である時子・時忠・親宗・叔父信範の支えをうけ、国母《こくも》として政権を取り仕切り、後白河政権の許容範囲内で平氏を優遇した。その結果、建春門院が亡くなるまでの十年間、歴史上稀にみる繁栄を独占した。しかし、建春門院の死とともにその栄華も終った。
清盛の出世は、二条天皇の死で政治環境が変わり、清盛も政権争奪に巻き込まれたが、運良く人臣最高位の太政大臣にまで登りつめた。この昇進は後白河・建春門院側の事情で昇進したものであって、清盛が政権欲しさに自ら権力を握り、クーデターなどにより勝手にその地位に就いたのではない。したがって、この段階で平氏政権樹立を目指していた徴候はない。

図8　以仁王と閑院流の関係

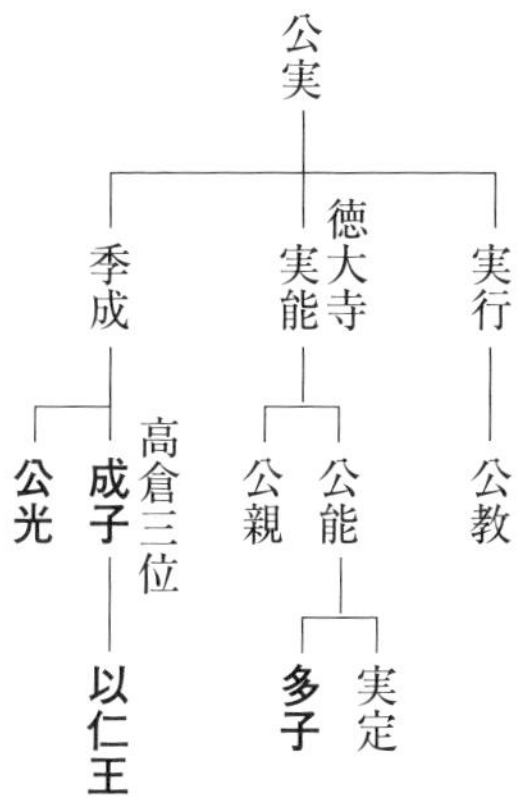

図9　以仁王と八条院の関係

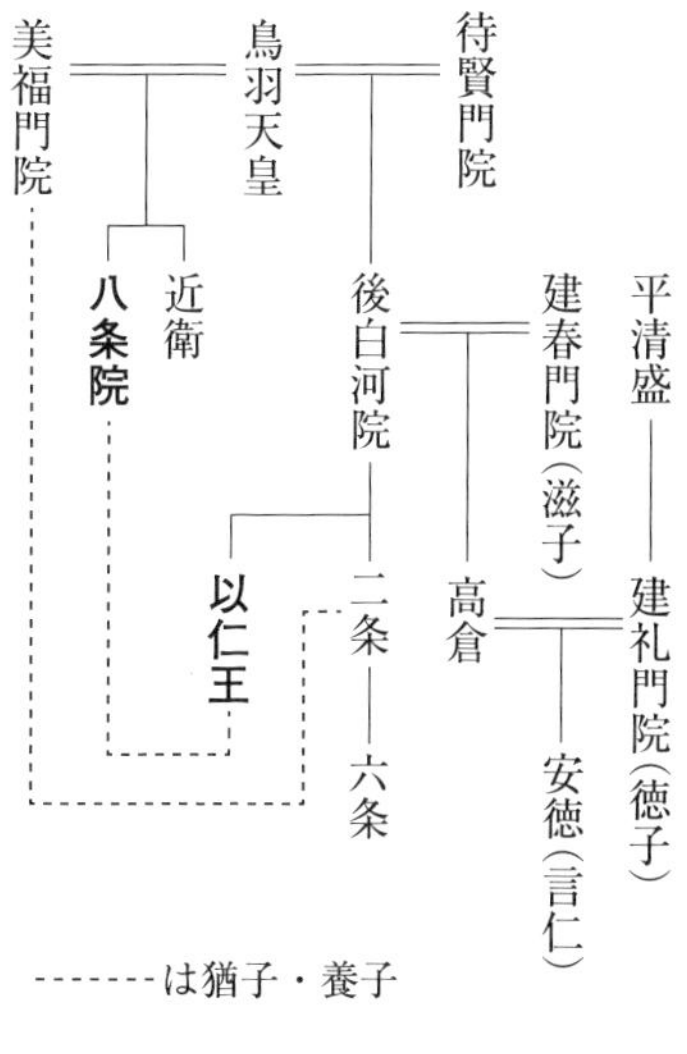

3　清盛と建春門院の関係

　ここで清盛と連携し平氏の栄華を演出した建春門院についてふれておこう。なお、建春門院については、拙書『建春門院滋子』を参考にしていただきたい。ここでは建春門院と清盛との関係を述べるにとどめる。

　建春門院は十八歳のとき、上西門院《じょうさいもんいん》（鳥羽天皇の皇女統子《とうし》）の女房（女官）となった。異母兄時忠が当時右小弁《うしょうべん》であったので、小弁殿《こべんどの》という名で呼ばれていたという。後白河との出会いは分からないが、上西門院が後白河の姉で養母であった関係から、美貌で聡明な滋子を見初めたのであろう。以後常に身近におき、滋子が亡くなるまで寵愛したという。

　父は清盛の妻時子と同じ時信《ときのぶ》で、関白忠通に仕えた摂関家の家司で、鳥羽院の別当を兼ねていた。その人柄は「鳥羽院の近くに仕え、天性従順にして人と争わず」（藤原頼長の日記『台記《だいき》』）と評され、実務に精通した官僚で中流の貴族であったが、四十三歳正五位下で亡くなった。その死に際し「人これを惜しみ、悲しむ」と惜しまれつつ亡くなったという。母は藤原祐子《ゆうし》で、祖父は白河院の近臣で「夜の関白」といわれた中納言顕隆、父は鳥羽院の近臣権中納言民部卿顕頼である。兄は二条天皇の信頼が篤かった権大納言光頼、平治の乱で活躍そのご後白河に配流された参議惟方である。諸大夫出身の時信は、上級貴族の祐子を正室にして、摂関家の家司・院近臣として家格を上げ、高倉天皇の外祖父として仁安三年（一一六八）六月、贈左大臣正一位が追贈された。

図10　建春門院（平滋子）の系図

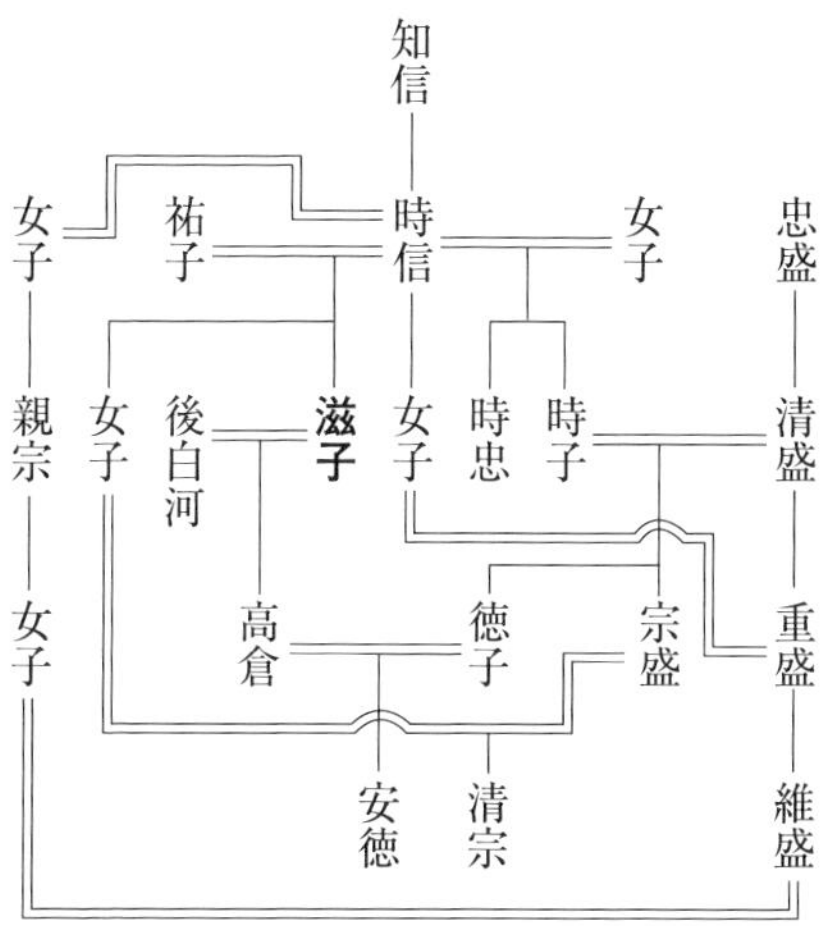

表3　建春門院庁人事

	家司	職事
別当	蔵人頭右中弁　時忠	
後白河院院司	左京大夫　定隆	左近少将　定能
	下野守　光能	蔵人勘解由次官　経房
	参河守　光雅	
	讃岐守　季能	
平氏一族	春宮亮　教盛	右近中将　宗盛
	中務大輔武蔵守　知盛	右小弁　信範
	越後守　時実	兵部小輔　親宗

建春門院（平滋子）は康治元年（一一四二）に生まれ、二十歳で高倉を産み、高倉が皇太子のとき女御、天皇になったとき皇太后、翌年建春門院となり、安元二年（一一七六）、三十五歳で亡くなった。

表4　建春門院の経歴

年号　（西暦）	年齢	月・日	事　跡
康治元（1142）			生まれる
平治元（1159）	18		上西門院に仕える
応保元（1161）	20	9・3	皇子・憲仁（のちの高倉天皇）を出産
永万元（1165）	24	12・25	憲仁、親王になる（5歳）
仁安元（1166）	25	10・10	皇太子になる（6歳）
		10・21	滋子、従三位になる
2（1167）	26	1・20	滋子、女御になる
3（1168）	27	2・19	憲仁、天皇になる（8歳）
		3・20	高倉即位。滋子皇太后になる（皇太后、公卿・殿上人・女房などと紅葉見物に行く）
嘉応元（1169）	28	2・13	滋子、日吉神社に参詣
		3・26	滋子、平野神社に参詣（堂上平氏の氏神）
		4・12	滋子、建春門院となる
嘉応2（1170）	29	10・19	建春門院、歌合せ開催
承安元（1171）	30	1・3	高倉天皇、元服（11歳）
		10・23	後白河院と舟遊びのため福原へ
		11・1	後白河院と平等院へ（最勝光院計画の参考）
		12・10	徳子入内の行列を後白河院と見学
承安2（1172）	31	2・3	最勝光院上棟式に後白河院と出席
		3・15	後白河院と福原へ、千僧供養出席
3（1173）	32	10・21	最勝光院落慶法要（高倉、後白河院出席）
4（1174）	33	3・16	後白河院と厳島神社へ（清盛、福原から同行）
安元元（1175）	34	3・9	後白河院と時子の常光明院供養に出席
2（1176）	35	3・4～6	後白河院の五十歳祝賀（高倉、上西門院出席）
		3・9	後白河院と有馬温泉へ
		4・27	後白河院の延暦寺受戒の行列見物
		6・8	病気になる
		7・8	死去

建春門院は、初代東三条院から数えて十四代目の女院である。滋子は、摂関家の出身ではないが、摂関家出身の国母であった東三条院・上東門院のように、国母として政務を後見、ならびに摂関家への影響力保持（服藤　二〇一九）を望んで吉例である東の門・建春門を選んだと思われる。

表5　女院の一覧表

	女院号	御名	身位	御所生	院号授与年	享年
1	東三条院	藤原詮子	円融《えんゆう》天皇の后	一条天皇	正暦二年（九九一）	四十
2	上東門院	藤原彰子	一条天皇の后	後一条・後朱雀天皇	万寿三年（一〇二六）	八十七
3	陽明門院	禎子	後朱雀《ごすざく》天皇の后	後三条天皇	治暦五年（一〇六九）	八十二
4	二条院	章子	後冷泉《ごれいぜい》天皇の后		延久六年（一〇七四）	八十
5	郁芳《いくほう》門院	媞子		（堀川天皇准母《じゅんぼ》）	寛治七年（一〇九三）	二十一
6	待賢門院	藤原璋子	鳥羽天皇の后	崇徳・後白河天皇	天治元年（一一二四）	四十五
7	高陽院《かやのいん》	藤原泰子	鳥羽天皇の后		保延五年（一一三九）	六十一
8	美福門院	藤原得子	鳥羽天皇の后	近衛天皇	久安五年（一一四九）	四十四
9	皇嘉《こうか》門院	藤原聖子	崇徳天皇の后	（近衛天皇准母）	久安六年（一一五〇）	六十
10	上西門院	統子		（後白河天皇准母）	保元四年（一一五九）	六十四
11	八条院	暲子		（二条天皇准母）	応保元年（一一六一）	七十五
12	高松院	姝子	二条天皇の后		応保二年（一一六二）	三十六

13 九条院	藤原呈子	近衛天皇の后		仁安三年（一一六八）	四十六
14 建春門院	平滋子	後白河天皇の后	高倉天皇	嘉応元年（一一六九）	三十五

（橋本義彦『平安貴族』より）

図11　上東門院の系図

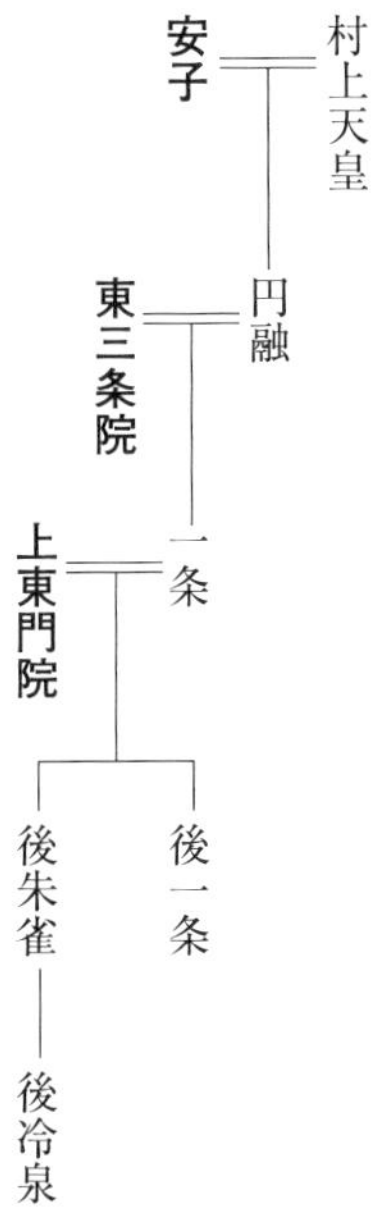

建春門院の容姿・才能について、建春門院のそば近くに仕えた藤原定家の五歳上の姉健御《けんご》前《ぜん》が、建春門院の死後、回想記としてまとめた『たまきはる』（新日本古典文学大系）で、「あなうつくし　か丶る人のをはしましけるか」と、世にこのような美しい方がいたのかと驚いたと記している。このとき建春門院は二十七歳で皇太后になった直後であった。御所はいつも掃き清められ、きちんと整理されていたという。そして「宮仕え人とはいってもさすが、他の御所とは違っていたなあと、後になって思い合わせられる」と記している。才能につい

ては「おおよその政治むきのことをはじめとして、ちょっとした事までも、女院のお心のままにならないことはないと人も思い、また言うようであった。まことに、おかくれになった後の世の中を思いあわせてみても、思慮深かったお心ひとつによって、すべて世も穏やかであった」といい、建春門院は容姿端麗、聡明で気配りに長けた女性であったという。しかし、建春門院の政治力、平氏との関わりについて、それを証明する具体的記述がないので、以下当時起きた事件・問題を通して考える。

清盛、高倉即位に協力・建春門院の手腕 1

清盛は、太政大臣を辞任した翌仁安三年（一一六八）二月、重篤となった。重盛以下一族の人たちが集まり、建春門院も時忠と共に内密に見舞ったという（『兵範記』十日条）。このとき後白河は熊野に参詣中で不在だった。兼実は日記に「かの人夭亡の後、天下乱るべし」（『玉葉』十七日条）と記している。京に戻る途中知らせがあり、後白河は時忠を呼び寄せ、着替えることなく旅装のまま、清盛を見舞い翌朝また見舞ったという。十六日、急に譲位の議題が浮上し、十九日に五歳の六条退位、八歳の高倉が天皇になった。

五味文彦氏は「反後白河で以仁王を推す八条院派の動きが激しくなったからであろう」「高倉天皇への譲位を早めたのは清盛の意思によるのではなく、上皇が清盛の病を契機にして譲位を進めたというのが真相のようである」とする（五味　二〇一一b）。

高倉の後見である清盛が死ぬと、高倉への継承は難しくなる。以仁王について『愚管抄』は、「和漢の学問をよくし優秀で王位を狙っていた」といい、『玉葉』も「占い師が以仁王の相を見て王の相をしている」（治承四年六月十日条）と記している。以仁王はこれを信じて王位を望み八条院などの支援もあって元服した。この以仁王を建春門院は早くから警戒して遠ざけていたという（『平家物語』）。留守を預かっていた建春門院が、以仁王の元服のときと同じように八条院などの動向を知り、後白河に知らせる一方、姉時子の協力を得て見舞いを口実に、両者の同意を得て実現させたと推測する。

清盛は、死を覚悟して時子と共に出家したが回復した。その後も後白河は政治上の問題を清盛に相談していたが（『兵範記』仁安二年十二月三十日条）、清盛が福原（現神戸市兵庫区平野交差点周辺）に居を移したのを機に相談しなくなり、清盛は政治から開放された。福原で静養し病気が癒えた清盛の関心は、専ら大輪田泊《おおわだのとまり》（現神戸市兵庫区兵庫港）を改修し、日宋貿易を促進することに移っていた。

嘉応山門強訴事件　清盛協力・建春門院の手腕２

嘉応元年（一一六九）十二月、院近臣藤原成親の知行国尾張で目代の政友《まさとも》が、美濃の国の日吉神人と争い、神人を殺害した。日吉神社は本寺延暦寺に訴え、延暦寺は朝廷に成親を配流するよう強訴した。後白河は重盛に出兵を命じたが、重盛は夜を理由に断ったため、成親の配流・解官の決定を下した。後白河は事件収拾のため山門大衆の要求を受け入れたが、その後成親をかばって、建春門院の異母兄検非違使別当時忠と叔父の蔵人頭信範を罪人に仕立て、罪名も告げずに嘘の報告をしたという理由で逮捕、配流した。

信範は、逮捕される前に建春門院から御所に来るよう連絡があったので、不思議に思い先に甥の別当時忠に会ったところ、「両人結構由依人讒言」（嘉応元年十二月二十七日条）誰だか分からないが「私達二人に罪をかぶせたらどうか」と、後白河に進言した者がいる、気を付けるようにと言った。その後建春門院に会った。その日の日記『兵範記』に、因果を含められ「難録筆端」と、書き残すわけにはいかないと記し、翌日二人は罪名も理由も告げられないまま逮捕され、時忠は出雲国、信範は備後国へ配流された。一方の成親は赦されて復任し、時忠に代わり検非違使別当に昇進した。この人事について兼実は「世間を驚かす、未だかってなかったことだ」（嘉応二年正月六日条）と、状況を無視したあまりに無茶な人事だと批判している。

この処置に山門大衆が反発し騒ぎはますます激しくなった。重盛に出兵を断られた後白河は、検非違使に制止しても聞かない者は討て、と命じたという（『百錬抄』同年正月十三日条）。

清盛は福原に重盛、頼盛を交互に呼び状況を確認した後上洛した。清盛は、成親を辞めさせるよう後白河に進言する（『玉葉』同月十七日条）という。清盛が仲裁に入り、山門側には、「自近以後台山の訴訟、一切沙汰あるべからず」（『玉葉』同月三十日条）と、今後訴訟は一切受け付けないという条件で、後白河には成親を解官、配流させることで和解させた。しかし、後白河はこの決着に不満があったらしく、六日後になってやっと発表した。時忠・信範は赦されてその二日後に京の自邸に戻ったという。二人とも山城と摂津の国境（現在の大阪府島本町辺り）に潜伏していたらしい。

先述したように『兵範記』は、この山門強訴が政治問題化し収束に困っていた後白河に、誰かが、時忠・信範を罪人とする案を進言したと記している。建春門院が信範に事前に知らせ、説得した事実からみて、この問題に建春門院が早い段階から深く関わっていたようだ。清盛は上洛して武士を六波羅に集め山門に圧力をかける一方で、後白河には成親の解官・配流を迫った。その結果、再び成親を配流することに決まったが、なぜか解官だけで済んだという。延暦寺大衆が配流を取り下げたのは、仲裁に入った清盛の顔を立てるためであったに違いない。建春門院は後白河と同居していて、事件の状況を詳細に把握しており、後白河が近臣の提案に賛同しているのを知り、延暦寺座主明雲と親しい清盛に仲裁を依頼し、清盛が仲裁案を提案し和解させたものと考える。なお、このときの裁定が、後年、後白河や院近臣との対立の原因となった、この事件のその後の経過は次の通りである。

二ヵ月後の四月、清盛は鳥羽院が東大寺で受戒したときに忠実《ただざね》が同行したことにならって、後白河と一緒に受戒した。京に帰った後白河は、成親を元の権中納言・右衛門督・検非違使別当に、重盛を権大納言、信範の子信基《のぶもと》を左衛門佐《さえもんのすけ》に復任させた。病気が回復し欠員がなく待機中であった重盛を通常五人制であったのを六人制にし、信基は父信範に連座して解官されていたのを復任させたのである。重盛の復任は清盛への返礼人事であった。しかし、後白河は時忠・信範を成親と同時に復任させなかった。清盛の裁定に不満だったのであろう。

一方、このとき清盛は、故基実の遺児基通の元服のため、後白河より一足速く京に帰っていた。奉行は基通の養育係り邦綱であったが、「右近少将光能朝臣（件の人、院宣を奉りこの事を行ふ。人以て目を側むと云々）」（『玉葉』同年四月二十三日条）と、当日院近臣の光能・光長など多くの院司がやってきて、邦綱と共に儀式を執り行い、参列者はこの光景に目を凝らして見入っていたという。加冠を務めた兼実すら、なぜ院が急に関わるようになったか不思議だったという。院が関与する事になった理由は定かではないが、おそらく重盛の復任と同じように成親の復職を承諾したことに対する返礼であったのではないだろうか。清盛にとって最大の関心事は基通を摂政関白・氏長者にして、摂関家領の既得権を保全することにあった。そのことを知っていた建春門院が、後白河に提案したのではないか。基通の元服を院が介入して行わせたこと、摂関家代々の屋敷東三条の御所で行ったことなど、院が基通を摂関家の嫡流であると保証したようなものであった。

儀式が終わり、基通がお礼の挨拶に後白河を訪ねたとき、後白河は「女院この所におはします。同じ事なり」（『玉葉』同日条）と、ここに居るから伝えておくと言ったという。建春門院が会わなかったのは、後白河を立てるためだったと思われる。このとき清盛は摂関家の三男兼実に加冠役を依頼し、基通の挨拶を自邸ではなく女院の御所で受けるよう指示していた。清盛と建春門院は、兼実が基通の補佐、後見人であり、摂関家が後ろ盾となって支えていることを公にしたかったのであろう。治承三年の政変で基通が関白になったとき『愚管抄』は、兼実のことを「天下の事顧問に預り」と記している。清盛はこのときから兼実を後見人と考えていたようだ。

また、清盛が兼実に基通の挨拶を建春門院の御所と指定したのは、国母建春門院が盛子・基通親子の後見の立場にあり、東三条院・上東門院のように、摂関家に影響力を持っていることを誇示したかったからと思われる。

さて、赦されて京に戻った信範は、翌年（嘉応三年）の一月、非参議に昇進し公卿となった。事件後の信範親子の扱いをみると細やかな配慮がなされていることに気づく。先ず子を元に戻し、親の不満を和らげ、安心させたあと昇進させているのである。建春門院が不服の信範を無理やりに承諾させた償い人事であったのである。さらに、後白河と清盛との関係をみると清盛への配慮が目に付く。また、誰かが後白河に時忠・信範を罪人にして解決するよう進言したとあるが、建春門院が見るにみかねて院近臣を使って進言させたように思えてならない。

殿下乗合事件　重盛、建春門院への反抗・建春門院の手腕3

嘉応二年（一一七〇）七月三日、重盛の子資盛《すけもり》と摂政基房が乗った牛車が街角で出遭い、摂政の従者が資盛側の無礼を咎め、資盛の従者を殴打したいわゆる、「殿下乗合事件《てんがののりあい》」が起きた。基房は相手が重盛の子と知り直ぐ謝罪したが、父重盛は納得せず基房の外出を狙って、従者の髻を切らせるなど報復したという。『平家物語』は「平家の悪行のはじめ」といい、報復をさせたのは清盛としているが、『愚管抄』は「父入道ガ教ニハアラデ、不可思議ノ事ヲ一ツシタリシナリ」と、『玉葉』と同じく重盛とする。

重盛の報復はその後も続き三ヵ月後の十月二十一日、高倉の元服会議に出る基房を襲うらしいという情報があり、基房が途中引き返したため会議は開催できなかった。三日後の二十四日、両者は参内したが今度は重盛が報復を恐れ、多数の武士を控えさせていたので再び延期となった。翌二十五日、この状況を見ていた建春門院は、後白河が熊野参詣から帰るのを待って、会議場所を摂政の直廬《じきろ》から院の殿上に変えさせ、開催させたという。

審議が終わった後、後白河の院司光能《みつよし》（建春門院の院司を兼務『伴瀬　一九九三』）が、院の使いとして福原の清盛を訪ねている。その目的について『玉葉』（嘉応二年十月三十日条）は、「世人何事かを知らず」と記している。その後「サル不思議アリシカド世ニ沙汰モナシ」（『愚管抄』）と、自然と収まったという。清盛に重盛を説得するよう要請したものと思われる。一方基房は、太政大臣になり加冠の役を務めたという。

重盛が基房に執拗に報復した動機はなんだったのか。重盛について『愚管抄』は「イミジク心ウルハシク」といい、『百錬抄』も「武勇に優れ心優し人」だったと記している。偶然起きた事件で子が受けた恥辱を晴らす、子を思う親心であったとしても、相手それも摂政が謝罪しているのであるから、通常ならその時点で収まるはずである。三ヵ月経っての報復は度が過ぎている。重盛も基房も院のお気に入りで、当時両者が個人的問題で争っていたという事件も見あたらない。したがって、『平家物語』はこの事件を新興平氏の権勢が強くなり、摂政を摂政とも思わぬ「平氏の驕り」という。『愚管抄』も不思議といい、『玉葉』も「武勇の家他に異なるか」（同年十月二十二日条）と記しているが、動機についてはふれていない。

五味文彦氏は「大納言に復帰した気負い」（五味　二〇〇二）、上横手雅敬氏は「基房にわずかしか相続させなかったことからくる、平氏と摂関家との根強い反目」（上横手　二〇〇六）

とするが、定説はない。先にも記述したように重盛の報復は、七月十六日を最後に一旦収まっていたが、その三ヵ月後の十月二十一日にまた始まっている。その間基房は参内（『玉葉』八月四日条）し、宇治へも「遊興」（九月十七日条）にでかけている。機会を狙っていたとしたなら、このような機会は三ヵ月を待たなくても何度もあったはずである。

残るは高倉の元服審議との関係である。十月十一日に「二十日比御元服の定めあるべし」（『玉葉』同日条）と開催日がほぼ決まり、十九日に「明後日摂政（基房）の御直盧に於て、御元服の定めあるべし」（同日条）と、会議は二十一日に決まったという。重盛はその日に報復した。予定を知ったうえでの計画的報復である。

元服会議が開催できなくなって一番困るのは、高倉の母建春門院である。重盛の報復の目的は、愛児高倉の最大の行事である元服を妨害し建春門院を困らせることだったのではないか。ではその恨みの原因は何だったのか。

建春門院は、高倉が即位したとき皇太后宮になり、宗盛を猶子《ゆうし》（『愚管抄』）にして、同母の妹清子と結婚させ、嘉応二年（一一七〇）に清宗が生れている。一方、平氏の嫡男重盛の母は、右近将監高階基章で下流の貴族の娘であった。重盛は官女との間に平治元年（一一五九）維盛を儲けた。清宗と維盛の昇進は表6のとおりで、清宗は維盛より十一歳年下であったが比べようもなく早く昇進している。

表6　清宗・維盛昇進比較表

年号　(西暦)	清宗		維盛	
平治元年(1159)			1歳	生まれる
永暦元　(1160)				
応保元　(1161)				
2　(1162)				
長寛元　(1163)				
2　(1164)				
永万元　(1165)				
仁安元　(1166)				
2　(1167)			9	従5位下(東宮御給)美乃権守
3　(1168)			10	
嘉応元　(1169)			11	従5位上(皇后宮御給)
2　(1170)	1歳	生まれる	12	権少将(父御辞大納言申任之)
承安元　(1171)			13	正5位下(臨時)・兼丹波権介
2　(1172)	3	従5位下・内上殿・禁色(建春門院当年御給)	14	兼中宮権介
3　(1173)	4	従5位上(中宮当年御給)	15	従4位下(臨時)・少将
4　(1174)	5	侍従	16	
安元元　(1175)	6		17	
2　(1176)	7	正5位下(中宮当年御給)	18	従4位上(臨時)・伊予権介
治承元　(1177)	8		19	
2　(1178)	9	備前介	20	正4位下・東宮権亮・禁色許
3　(1179)	10	従4位下(院御給) 従4位上 (東宮行啓八条亭賞)	21	
4　(1180)	11	従3位・非参議・侍従	22	内昇殿許可
養和元　(1181)	12		23	蔵人頭・権中将 従3位・非参議・中将

(『公卿補話』より)

清宗は、三歳で建春門院の御給により従五位下となり、内昇殿と禁色が許され、四歳で従五位上になった。兼実は「童の加階聞かざることなり」（承安三年正月六日条）と、そして、七歳のとき中宮徳子の御給で正五位下に昇進し十一歳で公卿になっている。一方の維盛は、九歳で従五位下、禁色は二十歳、内昇殿は二十二歳のときで、公卿になったのは二十三歳であった。清宗は摂関家の御曹司兼実の嫡子良通《よしみち》（公卿十二歳）と同じ速さであったのに対し、維盛は一歳年上の清盛の五男重衡（公卿二十五歳）とほぼ同じであった。清宗が、建春門院や中宮徳子の支援で昇進しているのに対し、維盛は父重盛の大納言辞任の譲りや院の推薦によるもので、一族の世話になっていない。この違いは建春門院が宗盛を猶子にしたとき、時子と建春門院が平氏一族の次期棟梁を重盛一族から、宗盛に代替わりさせることを清盛に提案し、清盛が同意したからではないだろうか。

重盛と宗盛の主導権争いの始まりを五味文彦氏は、「鹿ケ谷事件」とするが（五味　二〇〇二）、それより以前建春門院が宗盛を猶子としたときから始まったのである。

「殿下乗合事件」の報復は、重盛が子供可愛さにしたのではなく、基房の平氏への恨みを重盛が清盛に代わって受けてたったものでもない。正室時子の実子宗盛に代替わりさせることへの反抗で、報復は不満を晴らすための捌け口だったのである。これを機に重盛は、父清盛にことごとく反発するようになった。

建春門院に反抗したのは重盛だけではない。重盛より先に清盛の異母弟頼盛も高倉の大嘗会の際「一切不承引、毎度対捍」と命令に従わなかったという。職務怠慢は大嘗会のときだけでなく「依代始母后入内、其責及五ヶ度之時」（『兵範記』仁安三年〈一一六八〉十一月二十八日条）と、建春門院が国母になってから五度も責務を果たさなかったという。頼盛も正室の子であったが清盛より十五歳年下で非主流であった。平氏一族は一枚岩でなく、内部崩壊していたのである。重盛・頼盛は、一族の中で孤立し、重盛は妻の兄院近臣の成親に近づき、頼盛は妻の母が乳母だった八条院を頼った。そして、重盛の家人も重盛没後傍流へ追いやられた（元木　二〇〇五）。

この事件から二年後の承安二年（一一七二）、重盛の家人である伊賀国の住人と、春日神社の神人とが争い、神人が殺されるという事件が起きた。神人たちが関係者を処罰するよう訴えても裁定がないので、興福寺の宗徒が強訴のため上洛するらしいという噂で大騒ぎになった。重盛が処罰に応じないことが原因であったという。兼実は「大衆の訴え、道理の又道理なり」（『玉葉』承安二年十二月二十四日条）と、重盛を非難しているが、事件はうやむやで終わったという。安田元久氏は「おそらく権勢にまかせて無道な横車をおしたのであろう」（安田　二〇〇五）とするが、建春門院の一周忌の法要で興福寺の高僧信円（兼実の弟）が、建春門院を「賢妃」と讃えた（『玉葉』安元三年七月八日条）というから、建春門院が水面下で興福寺と交渉して抑え込んだのではないだろうか。

承安三年（一一七三）七月重盛が、建春門院御所の東側の山を崩す工事をしたことについて、平藤幸氏は「建春門院への勤仕が窺える」（平藤　二〇一四）とするが、この工事を命令したのは後白河で、重盛が自主的に建春門院に奉仕したわけではない。二人の仲はそのような関係ではなかった。

平穏な時代（平氏の栄華）

後白河の時代は内乱や事件が頻発し「連々乱世」（『愚管抄』）であったという。しかし、高倉が皇太子になった頃から、建春門院が死去するまでの約十一年間は、山門強訴事件・殿下乗合事件・延暦寺と興福寺が争った多武峰《とうのみね》事件などあったが、保元・平治の乱、治承・寿永の内乱など国家を二分するような合戦や事件もなく、概ね平穏で文化が栄え、平氏も後白河院政のもとで栄華を満喫していた。平和の原因を『愚管抄』は、「院ハ又コノ建春門院ニナリカヘラセ給テ、日本国女人入眼モカクノミアリケレバ誠ナルベシ」と、摂関時代藤原氏の女性が国母となって政治を支えたように、建春門院が支えていたからだという。藤原定家の姉健御前は「おおよその政治むきのことをはじめとして、ちょっとした事までも、女院のお心のままにならないことはない…すべて世も穏やかであった」（『たまきはる』）といい、『玉葉』も先述した興福寺の高僧が、「建春門院が院政を支えていた間、世間は平和であったが、亡くなった後、世は不穏で不安でならない」（安元三年七月八日条）と、建春門院あっての平和な時代だったと記している。

建春門院は、高倉が即位した後、人事権を握り貴族を抑え、平氏一族の昇進に努める一方、政権の後見となった清盛に、山門強訴事件など重要問題を相談し、清盛も一族に関わる案件を建春門院に政治的に処理してもらい繁栄を築いた。その結果、後白河・高倉政権は安定し、平穏な世が実現したのである。なかでも承安時代の五年間（一一七一～五年）と安元二年建春門院が死去するまでは平穏であった。その間清盛は、福原に居て宋との貿易を大輪田泊（現在の兵庫港）でするため港の改修を指揮していたのである。

上東門院が、自身の御願寺東北院を父道長の法成寺《ほうじょうじ》内に建立したように、建春門院も平等院を参考にして、後白河の御所法住寺《ほうじゅうじ》の敷地の南端に最勝光院を建立した。その御願寺の扁額を兼実が院宣により書き、襖には平野神社、日吉神社御幸の際に随伴した大臣以下の似顔絵が描かれていたという（『玉葉』承安三年九月九日条）。その最勝光院を『明月記』は「土木の壮麗、荘厳の華美、天下第一の仏閣なり」といい、兼実も「先例にないほど華美」な寺院と評したが、建春門院が亡くなった五十年後に盗人の放火で焼失したという（『百錬抄』）。

では誰が寺院の建設費を負担したのであろうか。院と女院の別当を兼ねていた吉田経房の日記『吉記』は、異母兄時忠が奉行となり建設したが、「人夫を最勝光院の荘園に割り振ったが足らないので、院の荘園にも負担させてよいかと訊ね、承認を得て割り振った」(承安三年六月九日条)と記している。院庁と女院庁とは財政が同一(伴瀬　一九九三)であったから当然としても、後白河院の財政の根幹である長講堂(現在・京都市下京区富小路六条)の荘園の数は八十九ヵ所(四十三ヵ国)、建春門院は分国讃岐国と荘園二十ヵ所であった。二人足しても鳥羽院と美福門院から譲り受けた八条院(二百二十ヵ所)と比べはるかに少ない。不足分を国費から捻出したとしてもなお足りず、清盛以下平氏一門が負担したのではないか。維持費についても『吉記』は「檜物荘(近江)、嶋末荘(周防)、志比荘(越前)などに年貢、供餅などを割り当てたが、この外書き尽くせないほど多く」(承安四年二月二十六日条)と記している。建設のときと同様平氏一門が分担、負担していたものと思う。

女院に仕える蔵人・判官代の人数も表7のとおり八条院は六十九人、上西門院は七十二人、建春門院は三人で極端に少ない。その要因は先述したように建春門院が後白河院と同居し、院司が兼務していて少なく済んだとも考えられるが、平氏が厳島神社に高倉と建春門院の祈祷費用として、安芸国の壬生荘を寄進(『平安遺文』)したという事例からからみて、平氏が建春門院に人・金・物を提供し負担し支えていたと思われる。

図12　最勝光院と九条末

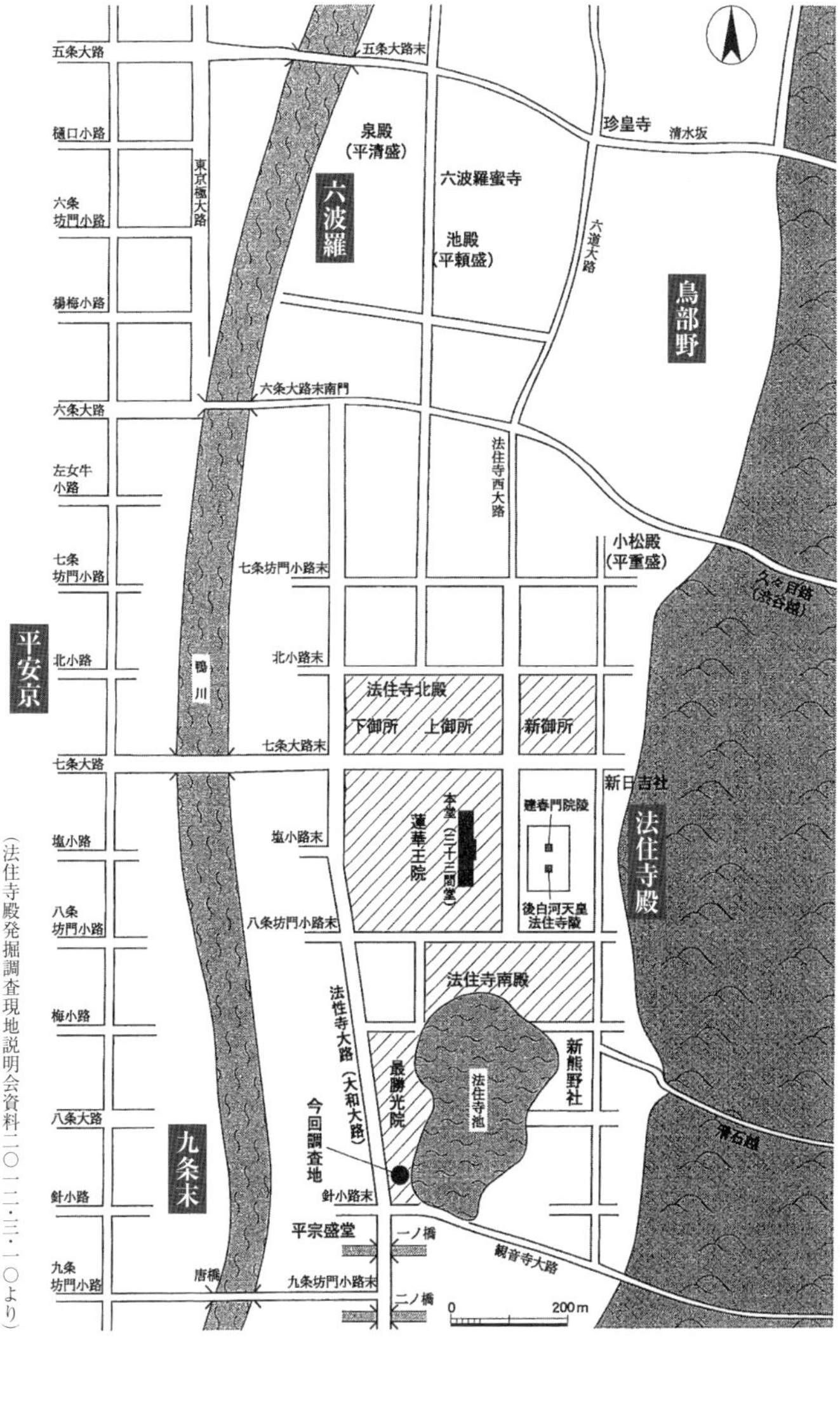

(法住寺殿発掘調査現地説明会資料二〇一二・三・一〇より)

表7　女院の判官代数

女院	蔵人	判官代
待賢門院	8	5
美福門院	7	3
高陽院	2	2
皇嘉門院	20	15
上西門院	47	25
八条院	41	28
高松院	24	6
九条院	16	24
建春門院	2	1

（五味文彦『院政期社会の研究』より）

清盛の妻時子も建春門院の最勝光院にならい、承安五年（一一七五）に邸宅があった西八条に常光明院を建立した。その供養の式に後白河・建春門院・中宮・盛子・基通それに関白はじめほとんどの公卿が参列したという。兼実は日記に「去朝の頃、院の蔵人盛仲、御幸あるべし、参向すべき由来たり催す。仍つて向ふ所なり」（承安五年三月九日条）と、後白河が供養の式に出るので参加するよう前もって連絡があったので参列した。続いて「凡そ今日のこと、希代の又希代、珍重又珍重なり、末世の事」（『玉葉』同日条）と、嫌味を記している。供養は二年前の最勝光院と同じように行われ参列者に豪華な引き出物が配られたという。関白以下公卿の参列は、平氏への諂いではなく、後白河・建春門院への忠誠心だったのではないだろうか。この供養は、建春門院がなくなる一年と三ヶ月前のことで、建春門院の権勢が頂点にあった頃である。

その一年前の承安四年三月、後白河は『梁塵秘抄口伝集』に、「安芸の厳島へ、建春門院に相具して参る事ありき」と、建春門院に誘われて厳島神社に参詣に出かけ、清盛も福原から同行したという。おそらく清盛が建春門院に勧めたのであろう。厳島参詣の目的を『玉葉』は「件の社この七八年以来霊験殊勝、入道相国の一家殊に以て信仰す。仍つて参り給ふ所なりと云々」（同月十六日条）と記述している。平氏は以前から厳島を守護神として崇拝していたが、殊にこの七、八年霊験あらたかであるからだというのである。七、八年前はまさに高倉が即位したときで、後白河政権と清盛が提携した頃でもある。平氏の繁栄は、二条が死去するまでは清盛の才覚によるものであったが、高倉の即位後は、国母として政権内で実権を握った建春門院の援護によるものであったといえよう。

この繁栄を元木泰雄氏は、福原にいた清盛が、都にいた重盛を操縦して実現させたとする（元木　二〇〇一）。新興勢力の平氏には敵が多く、臨機応変な対応が必要で、ときには操縦される者は操縦する者以上の能力が求められる。操縦説はおそらく嘉応・安元の山門強訴事件のとき、後白河が重盛に出兵要請をしたが、このとき重盛は清盛の指示に従った。これを根拠にしているものと思うが、殿下乗合事件で述べたように、保守的で応用が利かない重盛には対応能力があったとは思えない。

山門（延暦寺）強訴のような平氏の運命を左右する問題は、族長である清盛が指示を出し、軍事を除く日常の問題は、重盛に代わってパートナーであった建春門院が、平氏の立場で政権の許容範囲内で処理していたと考える。君主後白河の時代は乱世の時代といわれているが、その中にあって平穏であったのは、建春門院が、後白河の不在時の代行（五味　一九九〇）あるいは一分肢（栗山　二〇一二）にとどまらず、常時政権全般を掌握していたからである。建春門院は後白河の寵愛をうけその庇護下で出発したが、その後自らの才覚で勝ち取ったものであり、後白河以下従わざるをえなくなったというのが実情であったと考える。そして清盛はじめ平氏は、建春門院によって歴史上類のない繁栄を満喫できたのである。

清盛は、仁安三年（一一六八）二月に病に倒れたが、その後病気も治り翌年福原（現在の神戸市兵庫区平野の交差点付近）に別邸を建て移り住んだ。その目的について『山槐記』は、「爰近年占摂州平野之勝地、為遁世老之幽居」（治承四年三月五日条）と、「こゝ近年、隠居のため」福原に住んでいるとあるが、「こゝ近年」というだけで「いつから」住み始めたか分からない。しかし、仁安四年（一一六九）三月、後白河が福原を訪ねているから、その年の初め頃と思われる。この福原について清盛は、移住する六年前（応保二年〈一一六二〉）から、福原周辺の土地の所有状況を調査させ、土地の拡大を図っていたという（『鎌倉遺文』）。福原の清盛邸は、『高倉院御幸記』によると「所の様、造りたる所々、高麗人の配しけるも、理とぞ見ゆる」と、高麗人が設計した建物だったという。当時朝鮮は風水全盛であった。その影響を受けて平城・長岡・平安京も風水都市であった。清盛邸を設計したのは高麗人（朝鮮人）で、その家屋は当時の日本家屋と異なる朝鮮風の家だったという。清盛は権中納言に昇進した応保元年頃から、福原移住計画を考え、大宰府に来た高麗人を福原によんで設計させたのであろう。後白河は嘉応二年（一一七〇）九月、福原で宋人と会っている（『玉葉』九月二十日条）から宋人も高麗人と同じように以前から福原に出入りしていたようだ。

続いて『山槐記』は、移住後福原に近い大輪田泊（現兵庫港）が、東南の風に弱く往来する船舶が難儀していると聞き、見るに見かねて「殊励私力雖築新嶋」と、自費で波除の島を築き安全に停泊できるようにしたと記述している。『延慶本平家物語』によると築島は、承安三年（一一七三）に一切経を書いた石などを沈め工事を始めたという。清盛は工事に先立って計画段階から、工事の安全を願って港の近くの砂浜に仮設の小屋を造り（『古今著聞集上』巻第二）、多くの僧侶を集め千僧供養を行った。準備工事に着手した承安二年から年二回春・秋に開催し、後白河は嘉応元年から安元元年（一一七五）まで、表8のとおりほぼ毎年一回、熊野詣でと同じように参加していた。が、建春門院が亡くなった翌年（安元三年）に開かれた一周忌の千僧供養を最後に、自ら進んで福原に行かなくなった。

図13　福原と大輪田泊

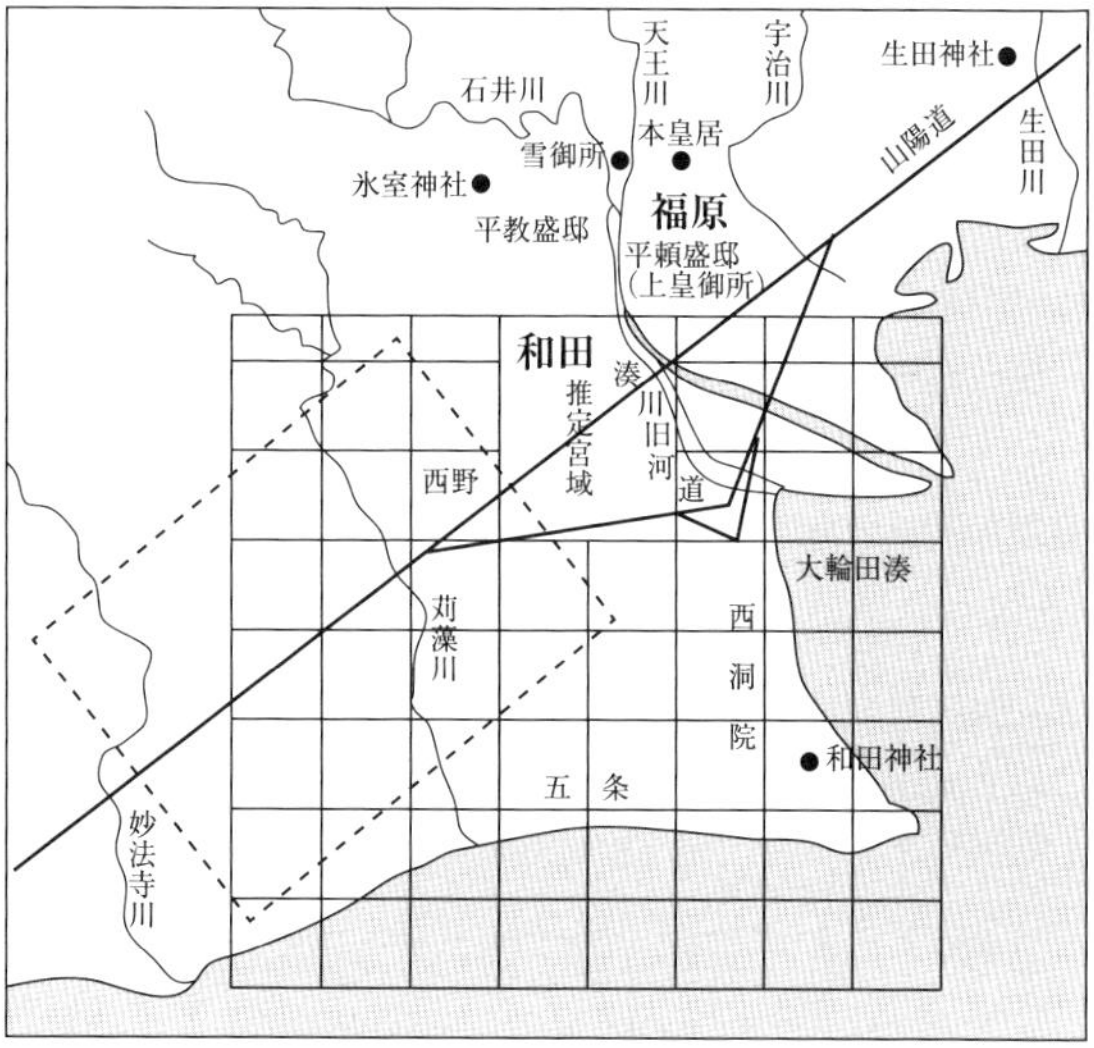

(『神戸市史　歴史編Ⅱ』を基に作図)

後白河の福原訪問は、両者が提携し貿易立国を目指していたからではなく、建春門院が両者の友好関係を演出するために、後白河の好奇心を利用して、福原行きを勧めていたからである。

この千僧供養の目的を五味文彦氏は「元服した天皇の守護と天下の安穏祈願」（五味　二〇〇二）と、美川圭氏は「海上交通の安全と貿易の発展」（美川　二〇一五）、元木泰雄氏は「海上交通の危険を排除し、貿易の発展を祈る」（元木　二〇〇二）ためという。天下の安寧が目的なら、わざわざ海岸近くの足場の悪いところでせず、清盛が住む福原の地で行えばよいはずである。改修地で開催した目的は、誰も思いもつかない海の中に島を造り、港の浅い箇所を埋め立てるという難工事の安全祈願と考える。

清盛は福原移住の目的を「隠居のため」「人々を救うため」としているが、それはあくまで建前で真の目的は宋との貿易を大宰府ではなく、都に近い福原でするため大輪田泊に風除けの築島（経ヶ島）を造り、陸に近い港内の浅い部分を埋め立て、宋の大型船が入港できるよう改修するためだった。福原は山麓にあって港から三キロの近さにあり、船舶の往来、工事の進捗状況の把握も容易で、また海上だけでなく陸上交通においても、西国と結ぶ要衝の地でもあった。

清盛は、宋より送られた百科事典『太平御覧』を高倉・安徳に贈っている（『山槐記』治承三年二月十三日・十二月十四日条）。後白河には経典、薬品・香料、陶磁器、絹織物などの外、

表8　後白河上皇熊野参詣と福原千僧供養参加

年号　(西暦)	熊野参詣	福原千僧供養	関連事項
平治2 (1160)	10月		清盛同行する
(1161)			
応保2 (1162)	1月		
3 (1163)	2月　12月		
長寛2 (1164)			
3 (1165)	11月		高倉親王になる
永万2 (1166)	10月		高倉皇太子になる
仁安2 (1167)	2月　9月		清盛太政大臣辞任する
3 (1168)	1月　9月		高倉即位・清盛出家する
4 (1169)	1月　10月	3月	1月成親同行する
嘉応2 (1170)	3月	(9月)	(福原で宋人に会う)
3 (1171)	5月　12月	(10月)	(大輪田泊船遊覧)
承安2 (1172)		3月　10月	
3 (1173)	1月　11月		
4 (1174)	11月	(3月)	(建春門院と厳島参詣)
5 (1175)	3月　閏9月	10月	
安元2 (1176)			7月建春門院死去
3 (1177)	9月	3月	建春門院1周忌
治承2 (1178)	3月		
3 (1179)	2月		11月政変
4 (1180)			2月高倉上皇、安徳即位 6月福原遷都
5 (1181)			閏2月清盛死去

(注) 嘉応3年10月と承安4年3月は、千僧供養に参加した可能性が大きい。

羊や麝《じゃ》という日本にはいなかった珍しい動物を輸入し、献上したという。清盛は、外国の文化を積極的に取り入れていたのである。そして、珍品だけでなく宋銭を大量に輸入し、物々交換から貨幣経済に移行させ、経済活動の改革にも努めていた。兼実は高倉から宋銭の導入について諮問があったという（『玉葉』治承三年七月二十五日条）。実際経済で宋銭がどこまで普及していたか定かでないが、当時疫病が流行り、それを「銭の病」（『百錬抄』）と言っていたというから、庶民の生活にも広く使われていたようだ。さらに科学にも興味をもっていたようで、医師や天文学者などを招き、科学の普及にも尽力していたという。

嘉応二年（一一七〇）九月、外国人に会うことを禁止されていた後白河は、公卿が反対するなか福原で宋人と会った。承安二年に宋より物が送られてきて、公卿の反対を押し切って返礼品を送らせたという。清盛は、大宰府以外貿易が禁止されていたのを、珍品好みの後白河の性格を利用して、京に近い福原で私貿易を認めさせたのである。

この頃の清盛について『愚管抄』は、「平相国ハ世ノ事シオホセタリト思ヒテ出家シテ、摂津国ノ福原ト云所ニ常ニハアリケル」と記述している。清盛は常に福原に滞在しており、年に一回ほどしか京には帰っていなかったという。清盛と後白河との関係の場は、宋との貿易や千僧供養など福原が中心であったが、後白河の東大寺、延暦寺での受戒に清盛が同行するなど親密な関係にあった。その関係を仲介し接着剤役を果たしていたのが建春門院であった。

平氏と良好な関係にあった後白河政権は、先例を破ってまで平氏一族を優遇し昇進させた。なかでも建春門院の猶子であった時子の実子宗盛を、権中納言に昇進させたときは、八人制を九人制に改め、建春門院の異母兄時忠のときも十人制にして権中納言に昇進させた。それにしても優遇されすぎで兼実が非難するのも頷ける。先述の宗盛の子清宗だけではなく時忠の子時実《ときざね》も建春門院の御給で従五位上に、頼盛の子保盛《やすもり》も従四位下に昇進し、兼実は「希異の事なり」（承安三年正月二十二日条）といい、平氏一族の子は誰もが挙って驚くほど昇進していたのである。

建春門院の叔父信範が兵部卿に昇進したとき、兼実は「納言の中、その人甚だ多し。最末の散三位は拝任如何。女院の御傍親に依るか」（『玉葉』承安三年正月二十二日条）と、建春門院が推薦したからだという。建春門院を中心に中宮（徳子）・准三宮盛子（故関白基実の正室）など一族の女性たちが結束して、年官年爵の御給《ごきゅう》を手段に、平氏一族の官職・位階を上昇させていたのである。

この平氏優遇策は、白河院のとき后賢子《けんし》が源氏出身で、その恩恵に預かって源氏が栄えたという（『今鑑』）。また、後白河政権外にあった八条家には、出世のため御給を得ようと多くの貴族が集まった（永井　二〇二二）という。平氏一族の位階の上昇は先例にならったものであり、建春門院がとくに辣腕を振るって昇進させたのではない。したがって公卿・貴族は不平不満があっても我慢していたのである。

しかし、清宗の異常とも思える昇進を他の公卿・貴族は、なぜ黙認していたのであろうか。政権内での人事権について建春門院の叔父で蔵人頭であった信範は、日記『兵範記』に「入眼事於宮御方有議定云々、入夜返給目録、相具折紙封書等持参殿下」（仁安三年十二月十三日条）と、人事案を院庁で作成し、その原案をまず時忠に見せ、次に建春門院に届け、任人折紙《にんじんおりがみ》を受け取り、摂政基房に届けた、と記述している。この記事は高倉が天皇に即位した年の十二月のことである。これを裏付けるように『愚管抄』は、「院ハ又コノ建春門院ニナリカヘラセ給テ、日本国女人入眼モカクノミアリケレバ誠ナルベシ」と、摂関時代の東三条院、国母として親権による政務後見を長年したという上東門院（服藤 二〇一九）のように、後白河は建春門院に政治や人事を任せていたと記している。貴族は不平不満があっても従わざるをえなかったのである。

当時、成人した天皇や上皇には多くの后がいた。通常別居しているのが一般的であったが、後白河は寵愛する建春門院と同宿していて、院司は政務の報告を庭先でしていたという（『たまきはる』）。建春門院は、このような場を通して政務に関与しつつ、次第に政権全般を掌握したと思われる。この時代の後白河政権は、実質建春門院が握っており、建春門院政権であったと言っても過言ではない。

平氏の公卿は、表9のように清盛が太政大臣であった仁安二年（一一六七）は五人（時忠を含める）、高倉が即位した翌々年（嘉応二年）は重盛・宗盛・頼盛・教盛・経盛・時忠の六人、その後建春門院が死去するまで六人体制であった（信範は除く）。田中文英氏は、この体制は「清盛の方針」（田中　一九九四）で国政の実務に未練な者を無理して昇進させなかったからとする。松薗斉氏も「治承三年十一月のクーデター後も、清盛が亡くなるまでは変化がないので、むしろ清盛の方針として平氏公卿数の抑制というものがあったのではないか」（松薗　一九九七）としている。

清盛は、建春門院の死後、四男知盛を公卿にするため蔵人頭に推したが、後白河に反対されたので、翌年（治承元年）高倉を抱き込み、公卿に昇進させた。政権を握った翌年（治承四年）にも宗盛の子清宗十一歳を公卿に昇進させている。さらに五男重衡を公卿にするため、蔵人頭に就任させるなど可成り強引に増員している。その間重盛が死亡しているので、人数的には二名（重衡は養和元年に公卿になっており、清盛が重衡を公卿にする意志があったとみて重衡を含んだ）増えたことになる。

清盛の方針ならば、国家行政が先例主義で、武家平氏にはノウハウがなく有職故実《ゆうそくこじつ》に疎いという事実は変わらないので、今までと同じように他の貴族の支持を得るためにも、増員を控えたと思う。建春門院在世中の後白河政権は、政権の後見である平氏と他の公卿とのバランスの上に成り立っており、清盛の意向すべてを認めていたわけではない。平氏の公卿枠・人数は、「清盛の方針」ではなく、平氏の窓口であった建春門院が、清盛の意向を考慮しつつ、他の公卿が許容する範囲内で調整し決めていたのである。

また、院御所議定でも実務に長けた時忠だけが出席し、外の平氏公卿は参加していなかったという。秘書の長である蔵人頭には、高倉が即位（仁安三年〈一一六八〉）したとき、清盛の弟教盛が就任したが、それ以後平氏政権になった治承四年（一一八〇）、重衡がなるまで、一人も就任していない。その重衡は、前年の治承三年、「任亜相事禅門不請、仍辞退云々」（『山槐記』十二月十五日条）と、清盛が公卿にはするが、上卿（大納言）にはさせない積りでいることが分かり左中将兼東宮亮を辞任したという。清盛は一族の者を優遇する一方、政権運営に支障がないよう歯止めをかけていたのである。さらに清盛は、朝廷の実務を司る弁官にも一族の者を登用せず、育成すらしていなかった。田中文英氏は「人材不足」（田中　一九九四）で、国政の実務に未練な一族を登用せず、伝統貴族に頼ったとする。清盛が、権力欲しさに政権の座を狙い、高倉・安徳政権と続く平氏系政権を目論んでいたとしたなら、平氏以外の貴族とのバランスをとりつつ、一族の若者を育成したであろう。清盛のこれらの人事政策は、新興勢力である武家平氏が、伝統貴族の中で生き残るための術だったのである。

表9　平氏の公卿推移表

年号	(西暦)	人数	氏名	関連事項
永万元年	(1165)	2人	清盛・重盛	
仁安元	(1166)	3	清盛・重盛・頼盛	頼盛昇進
2	(1167)	5	清盛・重盛・宗盛・頼盛・時忠	宗盛・時忠昇進
3	(1168)	5	重盛・宗盛・頼盛・教盛・時忠	教盛昇進・清盛出家
嘉応元	(1169)	5	〃	
2	(1170)	6	重盛・宗盛・頼盛・教盛・経盛・時忠	経盛昇進
承安元	(1171)	6	〃	
2	(1172)	6	〃	
3	(1173)	6	〃	
4	(1174)	6	〃	
安元元	(1175)	6	〃	
2	(1176)	6	重盛・宗盛・頼盛・教盛・経盛・時忠	建春門院死去
治承元	(1177)	7	重盛・宗盛・頼盛・教盛・経盛・知盛・時忠	知盛昇進
2	(1178)	7	重盛・宗盛・頼盛・教盛・経盛・知盛・時忠	
3	(1179)	7	重盛・宗盛・頼盛・教盛・経盛・知盛・時忠	重盛死去
4	(1180)	7	宗盛・頼盛・教盛・経盛・知盛・清宗・時忠	清宗昇進
養和元	(1181)	9	宗盛・頼盛・教盛・経盛・知盛・清宗 重衡・維盛・時忠	清盛死去 重衡・維盛昇進

（『公卿補任』より）

注1　清盛、仁安3年2月出家。
　2　高倉、仁安3年2月践祚。
　3　建春門院、安元2年7月死去。
　4　重盛、治承3年7月死去。
　5　重衡、治承4年1月蔵人頭に昇進。
　6　清盛、治承5年閏2月死去。
　7　重衡、養和1年5月昇進。維盛12月昇進。

建春門院は、嘉応二年に開催した「建春門院歌合会」に、平氏には清盛の弟経盛など有名な歌人もいたが、誰一人参加させていない（角田　一九九三）。このように人事だけでなく文芸の面でも伝統貴族に配慮していたから、不平不満があっても建春門院の生存中は顕在化することはなかったのである。世の中が泰平になるにつれ、承安四年（一一七四）には相撲《すまい》節会が復活、院御所では今様合《いまよう》わせが頻繁に催され、和歌や田楽、猿楽などの芸能も盛んになり華やかな文化の花が開いた。後白河は『梁塵秘抄』（嘉応元年〈一一六九〉）を編纂し、その後も今様に打ち込む一方で、絵画「伴大納言絵巻」「後三年合戦絵詞」「年中行事絵巻」、他に仏教に基づく六道絵の「地獄草紙」「餓鬼草紙」「病草紙」など、国宝級の絵画を多く描かせたという。治天の君後白河が、今様をはじめとする芸能・文化に打ち込んでおられたのは、建春門院が政務を取り仕切り、政治が安定していたからである。

徳子の入内　建春門院と時子・建春門院の手腕 4

その間、承安元年（一一七一）十月、後白河と建春門院は二人揃って福原の清盛を訪ね、神戸港を遊覧し、その二ヵ月後に清盛と時子の子、建春門院の姪徳子の入内が決まった。『玉葉』は、「この女御、平入道の姫なり、而して重盛子となす。又院子となす」（十二月二日条）と、清盛が出家していたので長男重盛の養女とした。そして白河院が幼少の頃から可愛がっていた待賢門院を養女にして、孫の鳥羽に入内させたのにならって、後白河の養女として十二月に入内させたという。この入内は、福原で唐突に出たのではなく建春門院が、「左府（左大臣経宗）ならびに時忠卿等女院の殿上に於て、予てこの事を議定せらるゝか、件の両人女御入内の雑事を奉行する人なり」（『玉葉』同日条）と、以前から内密に準備を進めさせていたものだという。この入内を清盛が権力欲しさに計画したとしたなら、自らお願いにあがるべきはずだが、後白河を訪ねた記述はない。『愚管抄』は「平相国入道がむすめを入内させて」と記述しているが、文章の繋がりからみて、ここは建春門院が清盛の娘を入内させて、と解釈すべきであろう。

この入内の目的を清盛が、権力欲しさに外戚の地位を得ようとしたというのが一般的である（安田　二〇〇五・上横手　二〇〇六・五味　二〇〇二）。これに対し美川圭氏は「清盛は時子との間に生まれた徳子を高倉天皇に入内させた。これには、時子の妹で天皇の母である建春門院の働きかけが大きかった」（美川　二〇一五）とする。元木泰雄氏も「第一線を退いた清盛に代わって徳子入内を実現したのが、高倉の国母滋子である」（元木　二〇〇二）とする。

この承安元年は、京都の町を騒がした嘉応山門強訴《かおうさんもんごうそ》事件のような大事件もなく、清盛の後見を得て政権は安定しており、平氏との関係をさらに強化しなければならない状況ではなかった。この入内の発案は高倉の皇太子擁立時とは逆に、清盛の妻時子が異母妹の建春門院

に入内を相談し、後白河が山門強訴事件のときの清盛の裁定に不満で、清盛と距離をおいて
いるのを感じとっていた建春門院が、二人の融和と平氏の家格上昇という一石二鳥を狙って
計画し、福原で両者の合意を取り付けたと考える。元服して清盛の娘徳子を中宮に迎えた高
倉は、母建春門院の庇護のもと時忠が指南役となり天皇業を学び、国政に励んだ。

建春門院、摂政基房に禅譲強要　清盛に協力・建春門院の手腕 5

承安二年（一一七二）七月、摂政基房に男児師家が生まれた。『玉葉』は、
摂政の産七夜、建春門院より児衣を送らる。時忠卿仰せを奉りこれを調ふと云々。（中
略）。后宮の産、寛弘以後、未だこの例を見ず。臣下の産、康平、承暦又この儀なしと云々。
（中略）。その語自ら法皇の御聞に達す。仍つて時忠の識者、太だ異様の由、不快の御気
色ありと云々。但し時忠定めて見る所あり、その沙汰を致すか
と、建春門院は出産祝いを贈ったという。これを聞いた後白河は、臣下の出産に祝いを贈る
など例がないと不快であったという（『玉葉』同月八日条）。だが、兼実は、祝いは口実でこ
の機会に、時忠が基房に何か言い渡す事があるようだと記している。
摂政基房に男児が生まれて一番困るのは誰だったろうか。基房が清盛に摂関家領を押領さ
れ、平氏に近い建春門院をも憎んでいた。その怒りを和らげるため贈ったとも考えられる

が、それであれば事前に後白河に話していたであろう。継承者が生まれて困ったのは建春門院ではなく、既得権益を護るため、基通を道長《みちなが》の子頼通《よりみち》に倣い（『玉葉』承安四年八月三日条）同じように昇進させていた清盛と、基通に摂関家を継がせたい邦綱の二人だったはずである。清盛と邦綱は建春門院に相談したと思われる。

兼実が言う先例とは何か。円融天皇のとき関白の地位を巡って摂関家の兄弟（兄兼通と弟兼家）が争った際、円融天皇は「関白職は兄弟の順序に従って補任なさいませ。絶対にご違反なさいますな」という母（兄弟の妹の安子）の遺書を見てそのように決めたという（『大鏡《おおかがみ》』）。また、兼家の子東三条院（詮子《せんし》）も、弟道長と甥の伊周《これちか》が争ったとき道長に（『大鏡』）、道長の子頼通が子の師実《もろざね》に譲ろうとしたとき、上東門院が反対して弟教通《のりみち》にさせた（『古事談』）という先例を念頭において、頼まれた建春門院は、国母・女院として摂関職の継承問題に介入し、時忠から基房に氏長者、摂関の地位を将来基通に禅譲するよう言い渡したのではないだろうか。

続いて『玉葉』（承安二年七月十二日条）は、

来る二十一日摂政若君行き始め、女院（建春門院）に参らるべしと云々

兼実は、兄の関白基房から子師家の「行き始め」（誕生後の初めての外出）のとき、建春門院から来るように知らせがあったが、行くべきか否か相談をうけたという。兼実は、院の

中を実質仕切っているのは、建春門院であることを基房はしらないのか、とその無知に驚いたと記している。

この経過からみても建春門院の根回し・仲介・調整、そして黒衣に徹する手法は、摂政さえ気づいていなかったほど巧みであった。清盛に頼まれた建春門院は、後白河の意に反することをその枠内でやっていたのである。

承安三年（一一七三）六月、興福寺の衆徒が多武峰《とうのみね》（奈良県桜井市）の荘園を掠奪、墓守を殴打した件で、興福寺と多武峰の本寺延暦寺が対立、興福寺の衆徒が多武峰を焼打ちして争いが激化した。後白河は、興福寺に首謀者を差し出すよう命じたが拒否したため、別当以下を解官・配流とし、興福寺僧の公請《くじょう》（朝廷の護持僧）・昇進・訴訟の停止を通告した。その後、南都衆徒が延暦寺衆徒に南都七大寺の荘園を横領されたと、朝廷に強訴する動きがあり、後白河は重盛に宇治で防ぐよう命じた。この騒動で朝廷は春日祭を延期、後白河は予定していた熊野詣も難しくなり、「謀叛」「違勅之罪」で南都十五大寺とその末寺の荘園を没収したため、興福寺衆徒は沈静、退散したという。

清盛は、後白河から出兵を命じられたとき、相手が興福寺の場合でも防戦のときは素直に応じたが、先述の嘉応山門強訴事件のように攻撃が伴う場合は、重盛や宗盛に任せず自ら決断し、慎重に対応した。延暦寺の場合は、座主明雲《みょううん》と親交があり、まず明雲を通して交渉し、その後、後白河を宥め承諾させるという手法をとった。しかし、興福寺の場合は、明雲のような交渉ルートがなく常に交渉は難航した。兵力も延暦寺三千に対して興福寺五千で、かつ興福寺の僧兵は強く、さらに興福寺衆徒は清盛を摂関家領押領者とみなし敵愾心が強かった。そのため興福寺に対して清盛は、治承三年のクーデターで政権を握った後も、常に妥協せず高姿勢で対応し、争いは終生続き福原遷都の原因の一つともなり、治承四年十二月、東大寺・興福寺など南都の大寺院を焼き払った。

後白河五十歳の祝い　重盛の孤立を救う・建春門院の手腕6

建春門院は、亡くなる前の年（安元元年〈一一七五〉）の六月に発熱し、そのとき後白河は出先から急遽かけつけたが、幸い病気は大事に至らずその後回復したという。翌安元二年三月に後白河の五十歳を祝う行事が盛大に行われ、高倉も笛を吹いて祝ったという。平氏は右大将重盛はじめ一門の者が多数参加し、行事を盛り立てた。なかでも重盛の嫡男維盛《これもり》が舞った青海波《せいがいは》は、優雅で光源氏の再現かと思うほど見事な出来栄えであったという（『建礼門院右京太夫集』）。

これに後白河は、

朝家の御かざりと見ゆるぞ殊に喜びおぼしめす
物よかりけるぬしかな

と、清盛に礼状を送り、清盛は返礼として金百両を贈った。これに後白河は気風のよい主人だなぁと語ったという（『安元御賀記《あんげんおんがき》』）。

後白河は、一族を代表して参加した棟梁重盛にではなく、参加もしてもいない清盛になぜ礼状を送ったのであろうか。当時清盛は、殿下乗合事件以来、一族・一門の中で孤立している重盛を心配していた。重盛に棟梁であることを自覚させるのによい機会と考え、一門を率いて参加させることを建春門院に相談したのではないだろうか。建春門院も後白河・高倉政権の安泰と、その体制を支える平氏一門の晴れの場と思い同意したと考える。二ヵ月後の五月、重盛に海賊追討の宣旨を出したのも同じ趣旨だったと思われる。白河と建春門院は行事が一段落した九日、十日間の予定で有馬温泉へ湯治に出かけた（『玉葉』同日条）。後白河は有馬から帰るやいなや賀宴を再開したという。この有馬行きは、建春門院の健康を気遣った清盛が、勧めたものと思う。

五十歳の賀宴《がえん》を終え一息ついた後白河は、四月に延暦寺で受戒するため、建春門院の御所を出発、建春門院はその一行を桟敷から見送った。清盛も福原から駆けつけ受戒に同席したという（『吉記』二十七日条）。しかし、後白河と先述した嘉応山門強訴事件のように寺の利害のために強訴を繰り返す、意のままにならない延暦寺との関係は悪かった。受戒後の翌年（安元三年）に起きた安元山門強訴事件のとき後白河は、授戒和尚座主明雲を、検非違使に大衆を煽動したとして拘束し、伊豆へ配流することにした。その際大衆に奪われそうになったら斬ってもよいと指示したという（『愚昧記《ぐまいき》』五月十六日条）。この配流に清盛始め公卿は反対したが、後白河は強行させた。後白河と延暦寺とはもともと関係が悪く、受戒後も改善するどころかますます悪くなった。このような状況なのに、なぜ後白河は受戒したのか。推測ではあるが、延暦寺との関係を憂慮した建春門院が、清盛と図り、五十歳の祝いを利用して嫌がる後白河を説得し、受戒させたのではないだろうか。

4 建春門院死去　清盛、後白河上皇との接着剤役を失う

神仏を崇拝する一方、情緒的で感性の人であった後白河と神仏以上に合理性・科学を好む清盛、相反する性格の二人を、立ち位置を後白河側に置いて、平氏優遇に努めてきた建春門院は、前年の発熱から徐々に健康を害し病状は悪化していた。安元二年（一一七六）六月、

腹・胸・腋などに腫れ物（当時の病名二禁・ハレモノ、今でいう皮膚ガンと思われる）ができ、東三条院にならい院号などを辞退したという（『吉記』同月十七日条）。福原に居た清盛は、建春門院の病状を聞き、七月一日見舞いに行き医師から「大略その馮無し」（『玉葉』七月一日条）と告げられたという。建春門院は一週間後の八日、三十五歳で亡くなった。

後白河は、建春門院を自分用に確保していた法住寺内の墓地に葬ったと『玉葉』（十日条）は記しているが、現在後白河の陵はあるが、建春門院の陵はない。建春門院が亡くなった百四十六年後の元亨二年（一三二二）、後伏見法皇と花園上皇が法住寺の後白河上皇の陵を訪れたとき、建春門院陵が近かったので歩いて行ったが、ひどく壊されその地に花が咲いていたという（『花園天皇宸記』同年三月十六日条）。法住寺の北隣りに現在「養源院」という寺があり、本堂へ行く参道の一段高くなった地が、隣接する後白河院陵と同じ高さである。近距離であり、この地にあったのではないだろうか（野口・山田　二〇〇三・中島　二〇一六）。

後白河は、建春門院が死去した翌年、福原で行われた一周忌の千僧供養に参加したが、その後は福原遷都まで、福原へは行っていない。高倉が天皇に即位し建春門院が国母となって以来、多いときは年二回、熊野を止めてまで福原を訪ねていたが、建春門院の死を契機に福原詣では終った。清盛が意識して避けたからではなく、後白河が反目し近づかなくなったからである。

建春門院の死後『愚管抄』は「ソノ、チ院中アレ行ヤウニテ過ル程ニ」と、その後しばらく登院する者もなく政務は滞り無法状態だったという。『玉葉』は、一周忌の説法で興福寺の高僧が、「建春門院が院政を助けていたときは、世の中は平穏かつ安泰であったが、死後世は穏やかならず、とくに近頃庶民は安心して暮らせない。愚痴を言うことも憚られる。賢妃であった建春門院が生存していたなら、このようにはならなかったろう」（安元三年七月八日条）と、語ったという。『たまきはる』も「すべて世も穏やかであった」と記している。著者不明の説話集『平家公達草紙』は、「世の中も女院おはしましける程静かにめでたかりけるを、隠れさせ給ひては、なべて天下歎かぬ人なかりけるを、誠に其の後よりぞ世も乱れ、あさましける」と。辛口の『愚管抄』も建春門院を「日本国女人眼モカクノミアリケレバ誠ナルベシ」と評し、摂関家出身の東三条院・上東門院に倣って国母として国政を支えていたと評している。歴史上個性豊かな部類に入る後白河のもとでのこの評価はよいのではないだろうか。

建春門院が、後白河の寵愛をうけ国母として権勢が強くなるに従い、抵抗する者が現われた。皇統の正統を主張する近衛の姉・後白河の異母妹八条院、後白河の子以仁王、平氏一族では時子の実子でない重盛、清盛の異母弟頼盛などであった。これらの反発・抵抗・挑発を後白河・清盛の協力があったとはいえ、建春門院は自らの才覚で未然に防ぎ、顕在化させることなく封じ込めていたのである。その抑えられていた不満が、建春門院の死後、もっとも恩恵を受けていた平氏へと向かった。意のままにならなかった後白河、摂関家領を押領された関白基房、出世の機会を奪われていた公卿・貴族も激しく反抗した。さらに即位の可能性がなくなった後白河の二男以仁王が挙兵した。争いもなく平和であった承安時代に不満は蓄積されていたのである。建春門院の存命中、建春門院に対し不平・不満が顕在化しなかったのは、後白河の威勢と建春門院が貴族に配慮して、一応誰もが許容できる範囲内の公平性を貫いていたからである。

写真３　養源院

従来歴史学者の後白河政権における建春門院の評価は、決して高いとは言えない。むしろ後年平氏側の人間として評価され、角田文衛氏は「建春門院が享受した幸運は、承安・安元年間を通じても衰えをみせなかった」（角田　一九九三）という程度で、極端に言うと高倉天皇を産んだに過ぎない后、というもので平氏滅亡と共に研究対象から除かれたように思える。しかし、近年建春門院についての研究が進み、後白河の寵愛を受け権勢を振るい政権を支えたという評価が増えてきた。五味文彦氏は「後白河と武家平氏とを結びつける存在として絶大なる権勢を誇った」（五味一九九〇）と評価している。

第四章　後白河上皇と対立

（建春門院の死から治承三年十一月の政変まで）

1　後白河上皇の圧力　ままにならない清盛への挑発と報復の応酬

建春門院死後、後白河は平氏一族・一門を憎む関白基房・院近臣と組んで反平氏網を築き、清盛を挑発し関係は悪化の一途をたどった。

後白河の出兵要請を拒む平氏　後白河の不満

安元二年（一一七六）十月、後白河は皇子二人を皇太子候補として内裏に連れてこさせた。一人は、仁和寺宮（後白河の第八皇子守覚法親王）の弟子・道法法親王で、母は仁操法印の娘であった。もう一人は、母が遊女・丹波局で、建春門院の猶子となり異母弟親宗が養い、天台座主明雲に預けていた承仁法親王であった。兼実は「法皇皇子内裏に参り、主上養ひ以て子となす。これ又密議と云々。抑両人同時この事あり。人奇となす。疑ふらくは儲弐となすべき器か」（同月二十九日条）と、なぜこの時期なのか、それも唐突すぎるではないかと。
さらに皇太子の資質があるのか疑問だと記している。
院政では成人した天皇を譲位させ、幼少の天皇を即位させるのが一般的であった。高倉はこのとき十六歳で中宮徳子との間に皇子はいなかった。後白河からみれば家長としての権限行使であろうが、清盛からみれば娘の中宮徳子に皇子ができない嫌がらせであり挑発であった。しかし、清盛は反発も報復もできず忸怩たる思いで状況をみているより仕方がなかったのである。

皇太子擁立問題の二ヵ月後の十二月、蔵人頭を巡る人事問題で後白河は清盛を挑発した。『玉葉』は後白河が院近臣の光能を「知盛入道相国最愛の息子を超越す。当時無双の権勢、又位階上臈なり」（十二月五日条）と、清盛が推す四男知盛を拒否し抜擢した。また、このとき基房も強引に藤原顕家を左少将に昇進させたという。これに対して清盛は、直後の正月の定例人事（安元三年正月）で、内大臣・左大将の師長を空席だった太政大臣に祭り上げ、空いた左大将に重盛を、右大将に宗盛は昇進させた。そして、清盛の盟友邦綱も権大納言、年末の人事で敗れた知盛を従三位・非参議に昇進させ報復したのである。

この人事で特に目をひくのは大将人事であった。大臣になるには左右どちらかの大将を経ることが条件であった。兄弟が大将を独占したのは過去に四例しかなく、いずれも摂関家の兄弟であり、この人事は異例であった。人事（除目）は、本来天皇の権限であったが、院政時代は院の権限であった。したがって、清盛が報復するには、高倉親政を全面に押したて、院から人事権を奪うより方法がなく、清盛は高倉を抱きこんで有無を云わせず強引に報復したのである。

この人事で前年煮え湯を飲まされた知盛は公卿となり、平氏の公卿は重盛・宗盛・頼盛・教盛・経盛・知盛、それに時忠の七人となった。

後白河の清盛に対する執拗な挑発は、なにが原因であったのであろうか。

一つは、山門（延暦寺）と院近臣の成親が争った嘉応山門強訴事件（嘉応元年〈一一六九〉）のとき、清盛が仲裁に入り、「山門の訴訟は今後一切受け付けない。成親は解官」という条件で和解させた。しかし、後白河は、承諾したものの寵臣成親を有罪とし解官させた清盛を恨み続けていた。

二つ目は、官軍である平氏に出兵を命じても消極的で、意のままにならない清盛への不満であったと思われる。

嘉応山門強訴事件のとき、後白河は重盛に、防戦のため出兵を命じたが、重盛は清盛の許可がないからと断った。後述する八年後に起きた安元山門強訴事件のときも同じように重盛・

表 10　後白河上皇の出兵要請と平氏の対応

事件名	発生年月	敵対関係	受命者	備考
1 嘉応山門強訴事件	嘉応元年（1169）	成親と延暦寺	重盛	動かず　防戦 清盛仲裁
2 多武峰事件	承安 3 年（1173）	興福寺と延暦寺	重盛　興福寺撤退	出動　防戦
3 安元山門強訴事件	安元 3 年（1177）	西光と延暦寺	重盛 重盛・宗盛 清盛	①出動　防戦 ②動かず　攻戦 清盛承諾　攻戦
4 後白河院潅頂事件	治承 2 年（1178）	延暦寺と園城寺	宗盛	清盛動かず　防戦 後白河中止
5 延暦寺堂衆衆と学生の争い	治承 2 年（1178）	延暦寺内紛	清盛	清盛承諾　攻戦 後白河宣旨 越前国（重盛）参戦

宗盛に命じたが応じないため、福原に居る清盛に使いを派遣した。が、このときも清盛は承諾しなかった。平氏軍は治天の君である後白河より、族長である清盛の指示・命令が優先する私軍であったのである。困った後白河は国司に出兵を命じる一方、清盛と直接対決した。清盛は拒んでいたが押し切られ、「悦ばず」（『玉葉』安元三年〈一一七七〉五月二十九日条）としぶしぶ応じたという。

後白河の動機は、意向に添わない、指示・命令に従わない、意のままにならない清盛への憎しみだったのである。

次に「イミジク心ウルハシ」（『愚管抄』）人と云われている重盛について考えてみよう。当時、左大将に昇進した重盛に、任大臣の兼宣旨（大臣昇進の内示）が出るのが一般的であったが、清盛は自分の時と同じく止めさせ、昇進祝いの大饗も自粛するよう指示した。この状況を見ていた後白河は、清盛に逆らうように、関白基房に二月十日に兼宣旨を出すよう指示した。兼宣旨が出ることを知った重盛は、「猶饗を儲くべき志あり」（『玉葉』安元三年二月十日条）と、父清盛の指示を無視して開催しようとしていたという。知らせを聞いた清盛は、即座に兼宣旨を止めさせたが、後白河は二十九日に兼宣旨を行わせ、重盛は三月五日に内大臣になった。

清盛が重盛に自粛を要請したのは、自分が大将を経ず内大臣になったとき、世間の批判を避けるため自粛した。このときにならって今回も、兄弟で左右大将を独占したという強引な人事批判をかわすため、重盛にも同じようにさせようとしたものと思われる。さらにこのとき後白河は、右大将になった宗盛の拝賀に、蔵人五、六人を行列に加わらせるよう基房に命じ盛大にさせた。後白河は、宗盛が故建春門院の猶子であったからではなく、平氏の分裂を狙って清盛を挑発したのである。検非違使別当人事でも、原案は時忠であったが、自分で藤原忠親に修正し変更させたという（『玉葉』安元三年正月二十九日条）。この時期の両者の関係は挑発、報復を繰り返し綱引き状態にあったが、どちらかが一方的に相手を倒す状況ではなかった。しかし、時代は院政時代で清盛も抵抗はするが従わざるを得ず、主導権は後白河が握っていたのである（『山槐記』治承三年四月十六日条）。

重盛は、殿下乗合事件以後一族の中で孤立し、居場所を院に求め清盛に反発した。後白河は建春門院死後、意のままにならない平氏に対し、清盛の頭越しに個々に指示・命令を出すようになった。そのため清盛も後白河に近い重盛・宗盛・頼盛などを個々に管理せざるを得なくなったのである。

元木泰雄氏は、清盛の福原移住について「在京して政務を行えば全面衝突の恐れも出てくる。そこで、福原に退くことで日常的な衝突を回避するとともに、一門を遠隔操作して、後白河や院近臣に間接的に揺さぶりをかけていたのではないか」（元木　二〇〇一）とする。

元木氏は、清盛の福原移住の目的を、後白河との権力争いを避けるためという。先述したようにこの時代、清盛が政権欲しさに事を起こしたことはない。摂関家に盛子を嫁がせたのは、大殿となって政治に介入するためでなく、徳子の入内も外戚となって政権を掌握しようとしたものでもない。福原への移住は病後すぐであり権力欲とは無縁であった。福原移住の目的は、療養と宋との貿易を促進するためであり、後白河との権力闘争を回避するためではなかった。

操作するにしても政権の舞台は京都で、福原とは速くて一日、通常二日はかかった。平氏は新興貴族であり、権勢を拡大しようとすれば臨機応変に対応しなければならない。殿下乗合事件以後、清盛に何かにつけ反発する棟梁重盛を、清盛が福原から思いのまま操縦できるわけがないのである。重盛は、宗盛・清宗への代替わりに不満があったとしても、平氏が滅べば自身も排除されるであろうことが分からず、棟梁としての資質に欠けるところがあった。権謀術数を好む後白河は平氏の内紛の間隙をついたのである。後白河の清盛への挑発はその後も続いた。

安元山門強訴事件・鹿ケ谷事件　打倒平氏

安元三年（一一七七）三月、山門（延暦寺）と院近臣西光《さいこう》（師光《もろみつ》）が争った安元山門強訴事件（白山事件）が起きた。延暦寺の末寺白山の宇河《うかわ》寺の所領の件で宇河寺と加賀守師高《もろたか》が争い、師高が宇河寺を焼いた。本寺の延暦寺が師高と父である院近臣西光を配流せよと訴えた。八年前の嘉応山門強訴事件の再現である。嘉応の時は「院の男のおぼへ」の成親であったが、今度は「法皇第一の近臣」西光であった。西光配流を訴え押し寄せる大衆に後白河は、嘉応のときと違い強腰で、重盛に防戦を命じ「院宣射之」（『顕広王記』・『愚昧記』安元三年四月十三日条）と、弓矢の使用を許した。結果、矢が神輿や大衆に当たり死人が出た。許可した後白河、兵に矢を射させた重盛も、当然矢が当たり、問題が大きくなることを承知の上でやらせたのである。このとき重盛は、清盛の許可を得ずに後白河の指示・命令に従っていたと思われる。

これに大衆が怒り内裏に押し掛けるという内通が、延暦寺から清盛にあり、清盛は高倉を院の御所法住寺に避難させた。後白河は、清盛の弟経盛に賢所《かしこどころ》を守るよう命じたが、経盛が断ったので、源頼政《よりまさ》にさせたという。宗盛は「経盛は後白河から離れるなと清盛に言われている」（『玉葉』四月十九日条）と、言ったという。清盛の弟経盛は、重盛と違い清盛に忠実に従っていたのである。大衆の訴えに後白河は、師高を配流、西光は無罪とし、延暦寺に対して座主明雲を、大衆を扇動した容疑で逮捕・還俗させ、所領を没収し伊豆へ配流せよと命じた。反対する大衆が、拘束された明雲を奪還するという情報があり、後白河は重盛に内裏を守護するよう命じた。重盛は子維盛・資盛を出動させたという（『愚昧記』五月十三日条）。

重盛は清盛の意向を知りながら後白河に従っていたのである。その一方で後白河は、検非違使に明雲が奪われそうになったら「可切明雲頸」（『愚昧記』五月十六日条）と、明雲を斬ってもよいと指示していたという。さすがに後白河も重盛には斬らせる積りはなかったようだ。そして、この決定に清盛・公卿は反対したが、後白河は応じず、伊豆の知行国守頼政に護送を命じた。後白河は平氏を延暦寺と戦わせ消耗させることを狙う一方、清盛と親密な関係にあった明雲を大衆を抑えられないという理由で罷免し、両者の分断をはかったのである。

安元三年五月二十三日、大衆は瀬田辺りで護送途中の明雲を奪った。怒った後白河は、頼政を尋問した。すると頼政は、とくに奪還される恐れがあるから厳重にせよという指示もなかったから、普段通りした。命令時に聞いていれば引き受けずに断っていただろうといい、それよりも一刻も早く坂本を固め延暦寺を攻めるべきだ、と開き直ったという（『玉葉』同日条）。累代大内守護を務める頼政が、まさか重盛に矢を射ること、検非違使に殺害をも許可していたことを知らなかったはずはないから、この開き直りは、頼政個人の判断によるものとは考え難い。頼政は平治の乱以後清盛に仕えており、主人である清盛の指示に従っていたのである。

翌二十四日、後白河は、重盛と宗盛に坂本出兵を命じた。二人は清盛の指示がないと出兵できないと拒んだので、後白河は福原へ使者を派遣したが、返事はあいまいだったという

（『顕広王記』同日条）。重盛も防戦ではなく攻撃をともなう戦いとなり、配下の者だけで勝てる相手ではないので、自重し応じなかったのであろう。動かない重盛をみて後白河は宗盛を同席させ、二人に出兵を命じたものと思われる。清盛は上洛し二十八日に後白河と面談した。「大略東西の坂を堅め、台山を責むべき議、一定了んぬと云々。然れども入道内心悦ばず」と、清盛は後白河の圧力に屈し、押し切られ東西の坂を固め、山を攻めることを承諾したという。そして翌日、追い討ちをかけるように後白河は、「近日近江・美乃・越前の三ヵ国、各国内の武士を注申すべき由、国司におおせらる」（『玉葉』五月二十九日条）と、三ヵ国の国司に武士の招集を命じたという。越前の知行国主は重盛であった。

なぜ越前国が後白河の配下にあったのであろうか。その経緯は判然としないが重盛が殿下乗合事件以後、一族とわだかまりが出来、後白河の男色の相手で「院ノ男ノオボヘ」の妻の兄成親を頼って近づき、後白河体制に組み込まれたのであろう。

清盛は、延暦寺への出撃が避けられず困っていたとき、後白河・成親・西光・俊寛などの反平氏派が、京都の鹿ケ谷にあった静賢《じょうけん》法印の山荘に集まり、平氏打倒の謀議をし、彼らに援軍を頼まれた源行綱《ゆきつな》が、清盛に密告したという（『愚管抄』）。その翌日（六月一日）、清盛は西光を「今度明雲を配流し、及び万人を法皇に讒邪す」（『玉葉』同日条）という理由で捕まえ斬首したという。西光は「入道相国を危くすべき由、法皇及び近臣等、謀議せしむる由

表11　安元山門強訴と鹿ケ谷事件

年月日	事　項	出　典
安元3年（1177）		
4月13日	山の大衆、加賀守師高の配流を訴え内裏へ。院、追い払うのに弓の使用を許可。防戦中重盛配下の武士神輿、神人に当て死亡さす。	顕広王記 愚昧記
14日	山僧から清盛に「大衆内裏に押しかける」と書状あり。高倉天皇、法住寺に行幸。	玉葉
15日	裁許あり。座主に通知。師高、西光配流。武士牢獄。	愚昧記
16日	裁許決定せず。和平なし。	愚昧記
19日	院、経盛に賢所を守るよう命じたが拒否。宗盛、「経盛は院から離れるなと清盛にいわれている」と。院、頼政に命じる。	玉葉
20日	師高、尾張国へ配流。武士6人牢へ。	玉葉
5月　5日	明雲解職。荘園没収。拘束。	玉葉
	嘉応強訴と本強訴明雲の煽動。証拠あり。	愚昧記
11日	明雲、土佐国へ配流。	顕広王記
13日	大衆、明雲を奪う動きあり。維盛、資盛出動。	愚昧記
16日	大衆奪う恐れあり。院、明雲を斬ることを許可。	愚昧記
21日	公卿反対。座主配流先例なし。伊豆国決定。	玉葉
23日	頼政、明雲を護送中、瀬田で大衆に奪われる。比叡山へ。院、頼政を叱責。頼政反論。	玉葉
24日	院、重盛と宗盛に坂本出兵を要請。清盛の指示がない。院、福原へ使者を派遣。	顕広王記
25日	清盛返事あいまい。清盛上洛。	顕広王記
28日	院と清盛会う。東西の坂を固め、山を攻めること決定。清盛悦ばず。	玉葉
29日	院、近江・美濃・越前3か国に出動命じる。	玉葉
	西光逮捕。	顕広王記
6月　1日	西光、院に明雲、他中傷を白状。成親、平氏打倒の密謀で逮捕。	玉葉
2日	西光斬首。成親、備前へ配流。	玉葉
5日	明雲座主に復帰。俊寛等解官。重盛左大将を辞任。	顕広王記
	大衆を討つと見せかけ、清盛を討つ。	顕広王記
7月　9日	成親殺害される。	顕広王記

承伏す。又その議定に預る人々の交名を注し申す」（『玉葉』二日条）と、謀議に加わった者の名を白状した。『顕広王記』によると反平氏派の狙いは、「寄事於大衆謀議、欲誅禅定相国」（六月五日条）と、意のままにならない清盛を、大衆を攻めると見せかけて討つことだった、という。清盛は、首謀者の重盛の義兄・権大納言成親を備前国に、俊寛《しゅんかん》・成経《なりつね》（成親の子・清盛の弟教盛の娘婿）・平康頼《やすより》三人を、硫黄島へ配流した。その後成経と康頼を許し京に戻したが、俊寛はそのまま配流先で死去したという。

しかし、このとき清盛は、後白河が関与していることを知りながら、罪を問わなかった。その理由を美川氏は、「高倉天皇は平家にとってもっとも重要な存在であった。その父後白河を処分することは、院政停止を意味する。院政という政治形態が定着していたこの時点では、それは困難であった。清盛といえども、そこまでは踏み込めなかったのであろう」（美川 二〇一五）とする。清盛は後述するように生き残りをかけ、後白河を幽閉した治承三年の政変（クーデター）と比べると、このときまだ余裕があったのである。

清盛は、成親を「禅門私の意趣に依りその志を遂ぐ」（『玉葉』六月十一日条）と、法によらず個人の意趣で解官、罪名も公表せず捕縛し備前国へ配流した。重盛は、清盛に平治の乱のときと同じように成親の助命を嘆願したが、目的が平氏打倒で、前回とは違い首謀者であり清盛は許さなかった。その後も重盛は配流先に衣服を送るなどしたが、一ヵ月後の七月九日殺害された。重盛は成親の処罰に不満で六月五日、左大将を辞任した。重盛は、棟梁の立場にありながら、私的関係を優先させた。たとえ宗盛一族に代替わりさせられるとしても、平氏が滅亡すれば自分も滅亡するという危機意識に欠けていたのである。

この鹿ケ谷事件について川合康氏は、「人事に対する不満（成親が右大将を望んだが宗盛に超された）や行綱の密告はなく、清盛が延暦寺大衆攻撃を回避するためのでっちあげで、鹿ケ谷事件は存在しなかった」とする（川合　二〇〇九）。

これに対し元木泰雄氏は、「真相は不明確ではあるが、『玉葉』『顕広王記』などにもあるように、清盛暗殺の謀議自体の存在は否定できない。また、現職の権大納言や院近臣を私刑で拘束し虐殺したことは、単に院の政策を変更させようとする程度の問題ではあり得ない。明らかに武士相互の戦いにおける自力救済の発動であり、やはり平氏に対する攻撃に復讐したと見るべきである」（元木　二〇一四）とする。

川合氏は、露見のタイミングがあまりにも良いため、でっち上げを主張しているが、元木氏が指摘しているように『玉葉』『顕広王記』などに詳細な記述があるから、事件は確かに存在したのである。

先述したように二十七日（『顕広王記』は二十五日）、清盛は福原から上洛し、二十八日に後白河に会った。そのとき延暦寺攻めを命じられ、不満ではあったが承諾したという。おそらく、会談で後白河は、承諾をしぶる清盛に別の方策（近江・美乃・越前の武士に攻めさせる）を考えていると脅したと思う。それが交渉の常とう手段であるからである。このとき清盛は、重盛が知行する越前国が入っているのに驚いたが、何食わぬ顔で引き下がったのではないだろうか。帰宅後に『平家物語』などは、行綱が密告して来たというが、これは疑わしい（早川 二〇〇〇）。

越前国が後白河の配下にあることを知った清盛は、あわてて情報を集めさせたところ、後白河・成親・西光が中心になり、源氏の武士や武器をかき集めていること。一族から孤立している重盛を誘い、戦準備をしていること。さらに彼等の目的が、平氏を倒すことであることが分かった。驚いた清盛は翌六月一日、まず西光を捕まえ白状させ、関与した者を正式手続きをとらず私刑で処罰し、あくまで、近臣個人の責任として収束させた。清盛は重盛を後白河から離すよう努めたが、重盛本人が平氏からの離脱を選択し、後白河も平氏の弱体化・分裂を狙い、義兄の成親を使い重盛を人質にとり手放さなかったのである。

安元山門強訴事件の原因は、延暦寺と敵対関係にあった院近臣西光の讒奏であり、引き続き起きた鹿ケ谷事件は、延暦寺と手を組み、高倉を抱き込み意のままにならない平氏への恨みであった。この二つの事件はいずれも反平氏派が原因で、清盛が権力欲しさに問題を起こしたものではない。この事件でもっとも傷ついたのは清盛であったと思う。

図14　藤原成親との婚姻関係

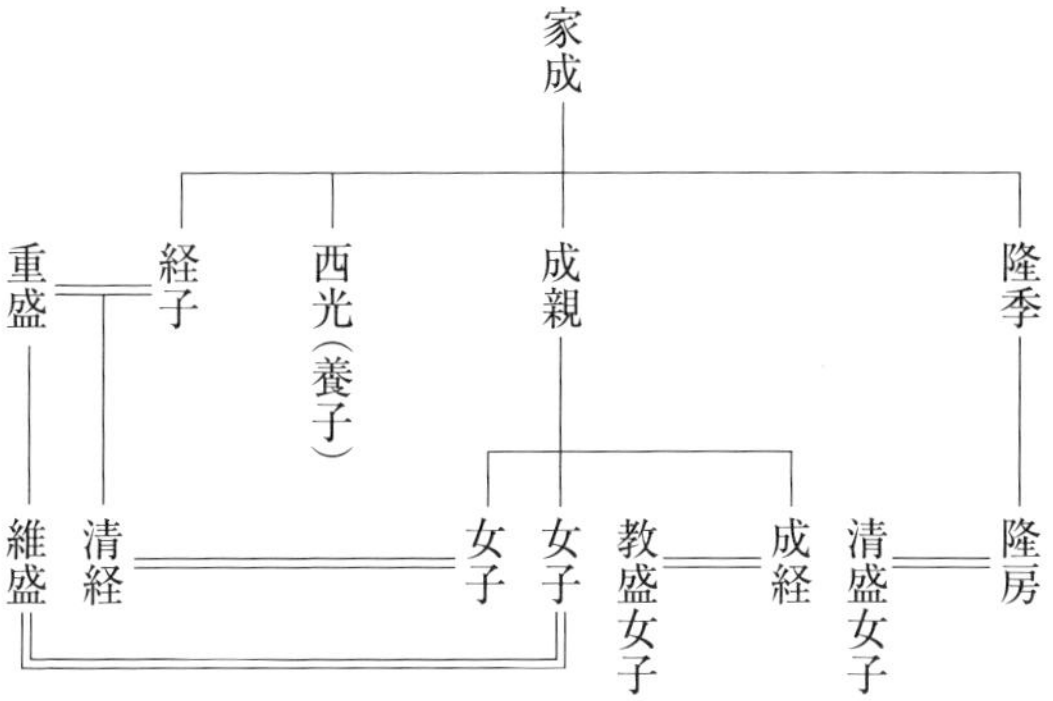

朝廷と大寺院は「王法仏法相依《そうえ》」、王は仏教を保護し、仏教は教義をもって王を支えるという国家統治思想の関係にあり、基本的には共存共栄で結ばれていた。護国寺の指定、寺院幹部の人事権は、上皇である後白河が掌握しており、大寺院は格式を保持するため、後白河の指示・命令に従わざるを得ない立場にあった。当時後白河院政は荘園が増加し国有地が減少、税収が増えないという問題を抱え、地方の国司に国有地拡大を奨励していた。大寺院も多くの僧の生活を支えるのに、荘園の拡大が必要であり国司との争いが増加した。なかでも院近臣の知行国では、両者が互いに譲らず、訴訟案件となる場合が多かったのである。

大寺院は権益を維持・拡大するため、神輿や神木を押し立て、朝廷に強訴した。白河・鳥羽院の時代は、興福寺の強訴の場合は宇治で、延暦寺の場合は東西の坂本で防戦し、破られたときは彼らの要求を聞くという暗黙の協定があった。しかし、後白河になってその協定は反故にされたため、争いは激化した。

清盛は、鳥羽院のとき祇園で延暦寺の大衆と問題（祇園闘乱事件）を起こし、鳥羽院に救われて以来、出家の際座主明雲に戒を受けるなど、延暦寺とは親密な関係を維持するよう心を砕いた。清盛が、鹿ケ谷事件で成親・西光などを処罰したとき、大衆は清盛に、「敵を伐たしめ給ふ条、喜悦少からず。若し凡そ罷り入るべき事あらば、仰せを承り一方を支ふべし」（『玉葉』安元三年六月三日条）と伝えてきたという。これに対し清盛は、「庭ニタ、ミシキテ、大衆大ダケヘカヘリノボラセ給フ火ノミエ候シマデハ、ヲガミ申候キ」と、大衆が山へ帰るのを見送ったという（『愚管抄』）。清盛にとって延暦寺を相手に争うことは危険が大きすぎるため、延暦寺の座主明雲を通して友好関係を結び、後白河の命令にもぎりぎりまで時間を稼ぎ、延暦寺と交渉し、解決策を調整し、対決回避に努めた。一方、延暦寺としても後白河院政の代理人である平氏軍と戦うことが目的ではなく、狙いは訴訟の相手である後白河から、いかに有利な条件を引き出すかということが目的であり、両者の思惑は一致し、直接対決を避けたのである。後白河は次第に動かぬ平氏に対し強固になり、建春門院死後、挑発を繰り返し、清盛はその都度報復したのである。

後白河のこの事件への関与について『玉葉』（六月二日条）は、「西光尋ね問はるる間、入道相国を危くすべき由、法皇及び近臣等、謀議せしむる由承伏す」と、後白河が謀議に加わっていたと述べているが、後白河が謀議に参加した理由はわからない。しかし、後白河は先述したように建春門院在世中女院に抑えられ、意のままにならない清盛に不満があった。女院の死後不満を募らせていた近臣と謀り、平氏を挑発したのである。

清盛が西光を処罰した理由を『玉葉』は、安元山門強訴事件で「明雲を配流し、及び万人を法皇に讒邪」（六月一日条）したからだとする。続いて起きた鹿ケ谷事件での院近臣の動機を『愚管抄』は、「アマリニ平家ノ世ノマ、ナルヲウラヤムカニクムカ」と、平氏への妬みだったとする。その中心になったのが成親・西光だった。

『平家物語』は成親の動機を「右大将になりたかったが、宗盛に先を越された」ことへの恨みという。宗盛の右大将はじめ平氏一門の昇進は、元をただせば挑発と報復が原因で昇進したものであり、清盛が権力欲しさに昇進させたものではない。

反平氏派の動機は、後白河院政に従わない、思うようにならない平氏、建春門院在世中に恩恵を受けた平氏への妬み、恨みであった。建春門院亡きあと、後白河を中心に院近臣、あらたに摂関家領を押領された関白基房が加わり結束し、反平氏網を築いたのである。

後白河が、意のままに動かない平氏に出兵を命じた主な事件は、表10（116ページ）のとおりである。これによると重盛は、当初清盛に従っていたが、殿下乗合事件を境に後白河の指示に従うようになり、その後また清盛に従っている。後白河は、重盛に変えて宗盛に命じたが、宗盛も重盛同様応じないので、族長の清盛を呼んで指示した。が、承諾しないため院宣を下したという。重盛は、父清盛と、拠り所とする後白河の対立に翻弄されていたのである。

かつて（承安四年〈一一七四〉）重盛は「禅門の心重盛にあり。仍つて任ずる所」（『玉葉』同年七月九日条）と、清盛のたっての要望で右大将になったという。おそらく清盛がそのような状況にあった重盛を気遣って建春門院に頼み後白河が承諾したものと思う。なぜ清盛は頭を下げたのであろうか。重盛は高倉天皇の元服の儀を妨害し、一族の中で孤立し居場所がなくなっていた。見兼ねた清盛が、棟梁である自覚を促すため頼んで近衛大将に昇進させた。子を思う親心であった。その後重盛は、治承元年三月に内大臣に昇進し、翌年二月八日、辞表を提出したが、辞表は受理されず六月に戻された。重盛は生来病弱であったと言われているが、その後も職務を果たしていたから、この時の辞任の理由は分からない。重盛の心は平氏一族を離れ居場所を院に求め、次第に反平氏派に引き込まれていた。清盛の心は重盛に届かず、重盛の辞任は一族からの離反・分裂であり、平氏存亡に関わる大問題であった。そのため清盛は、重盛に配慮しながら棟梁の役を徐々に三男宗盛に移していた。後白河は、平氏の内紛を利用し重盛を人質にとり手放さなかったのである。

重盛は、死ぬ間際に「トク死ナバヤ」（『愚管抄』）と言ったというから、父清盛の気持ちが分かっていたのであろう。

治承元年（一一七七）四月二十八日、市中で大火が発生し皇居も大半焼けた（太郎火事という）。後白河は七月、関白基房に再建を命じた。基房は陣頭（内裏内の執務室）に公卿を集め、大極殿《だいごくでん》を親平氏派の藤原邦綱、小安殿《しょうあんでん》を宗盛に割り当てた。兼実は本来「御前に於て行はるべき」（『玉葉』八月二十三日条）議題であるのに、なぜ陣頭で行ったか疑問といい、何か意図があってやっているように思える、と日記に記述している。平氏に割り振った大極殿、小安殿は建物が大きく大工事で、その狙いは平氏の蓄財を費消させ勢力を弱体化させるためであった。

治承四年二月、清盛は朝廷に大輪田泊改修を国費で改修してほしいと申請書を提出した（『山槐記』三月五日条）。それには備前と播磨国は、費用負担を除くよう書かれていた。髙橋昌明氏は、「造営事業は遅々として進んでいないにもかかわらず、「営み大功」を理由に備前・播磨両国の賦課を免除させたのは、清盛の意を体する両名に平安京での造営をサボタージュさせ、その経済力を来たるべき遷都とそこでの八省院《はっしょういん》造営に向けて温存する、との彼の意図が隠されている、と見るべきではないだろうか」（髙橋　二〇〇六）とする。工事は着工して二年半後の治承四年四月になっても、建設地に材木が少々積んであっただけで大極殿の工事は手づかずの状態だったという（『山槐記』治承四年四月二十二日条）。清盛は一ヵ月後の六月、福原遷都を敢行したが、皇居もなかった。その後建設を始め十一月に完成した。しかし、八省院などは二年後でよく、京都の皇居の建物はそのまま残しておくよう指示していたという（『玉葉』治承四年八月二十九日条）。

この皇居再建計画は鹿ケ谷事件直後である。髙橋氏は「清盛はこのとき福原遷都を考えていた」という。三年後の治承四年六月、福原に遷都したが、皇居もないため、天皇以下主だった人々は清盛一族の別邸に宿泊し、随員の者は寝るところもないため、道路・空き地で寝たという（『玉葉』六月二日条・『方丈記』）。これを髙橋氏は「唐突で準備不足」（髙橋二〇〇六・元木　二〇〇一）だったとする。清盛は、厳島神社の再建や大輪田泊の改修工事を指図した人物であり建築・土木に造詣が深く、遷都には都市計画が必要であることは十分知っていたはずである。再建工事が決まってから遷都するまで三年弱あったにもかかわらず、計画図の一枚もなかった。清盛は、反平氏派の挑発にのらず、邦綱、宗盛に工事をしているふりをさせ状況をみていたのである。力づくで実行した福原遷都でも、仮皇居は造ったが、新京は造らず、大嘗会もせず、すべて中途半端にして、半年いただけで十一月に京都に帰った。明らかに準備不足ではなく、反平氏派の様子を見るためであったのである。

鹿ケ谷事件で立場が弱くなった後白河は、高倉に人事権を一任した。『玉葉』（治承元年〈一一七七〉十一月十五日条）は次のように記している。

今度の除書、一向内の御沙汰たるべし。院知し食すべからざる由申さると云々。仍って万事沙汰あるべからず。只院より注文を献らるる事、沙汰あるべしと云々

と、後白河は人事を高倉に一任、報告は不要と言った。これを受けて高倉は、院との事前打ち合わせは必要ないが、院からの要望は受け入れるよう指示したという。しかし、三日後（十八

日条）に

今度、始め主上の御沙汰となし除目を行はるべき由法皇申さしめ給ふ。主上又以て固辞す。（中略）御気色宜しきに似たりと雖も、頗る分明ならず。今度、叡情より起る事、すべて行ふべからざる由思し食す。仍って沙汰無し。尤も遺恨に思し食す由、天気ありと云々。

と、高倉は、委譲の話があったとき再三断ったが押し付けられたという。案の定後白河は一任すると言いながら、高倉案には同意しない。はじめから人事権を手放すつもりはなく嫌がらせのようだと困惑しているのである。

一週間後の二十五日、兼実は子・良通の中将昇進について、後白河は一旦保留し、その後承諾したという。「偏に法皇の殊恩と云々。恐るべし悦ぶべし」（『玉葉』同日条）と、高倉が嘆いていたように後白河は人事権を手放していなかったのである。人事権は後白河にとって天皇家の家長として天皇の指名権に次ぐ重要な権限であるから、毛頭手放す気はなかったのであろう。人事権の委譲は鹿ケ谷事件の責任を取るため、本心を隠ぺいし世に形だけ恭順の意を表すためであった。後白河はこの機を利用して高倉を困らせ清盛との分断を画策し、清盛を孤立させようと謀っていたのである。

治承二年（一一七八）一月、後白河は園城寺《おんじょうじ》で密かに潅頂を受けようとしたが、延暦寺の大衆が聞きつけ反対し、園城寺（三井寺）を焼き払うと騒ぎだした。後白河は宗盛に出動を命じたが、清盛の許可が必要と拒んだので、宗盛を福原の清盛のもとに使いとして派遣した。が、清盛は応じなかった。そのため後白河は灌頂を中止せざるを得なくなった。

後白河は、承安三年（一一七三）に興福寺と延暦寺が争った多武峰事件のとき、興福寺など南都の大寺院を「謀叛」「違勅之罪」と称して鎮静させたが、延暦寺にはこの手は通用しない。この園城寺での灌頂は明雲が処罰されて間がないこと、さらに園城寺は同じ天台宗ではあるが延暦寺の配下寺であり、その園城寺に戒壇をゆるせば延暦寺の地位が低下する。そのため園城寺を焼き払う動きがあり、後白河は平氏軍の出動を要請したが、延暦寺と結んでいる清盛が、後白河の私的な宗教行為に加担するわけがなく、諦めざるをえなかったのである。

建春門院が健在なときは、後白河の東大寺・延暦寺での受戒に清盛も参加して良好な関係にあったが、女院死後関係が悪化し、延暦寺に関わる問題は常に一対二の関係になった。しかし、清盛死後明雲は、後白河に追放されることもなく、法住寺合戦で死ぬまで大僧正・座主で四天王寺、白河六勝寺の別当をも兼務した。延暦寺は権益を守るため新興の清盛を利用し、後白河との直接対決を回避していたのである。

清盛待望の皇子（言仁・のちの安徳天皇）誕生

建春門院死後、後白河は近臣と手を結び、意のままにならない清盛を挑発し、これに清盛は高倉を抱き込み、ことごとく報復したが、弱い立場に変わりはなかった。清盛にとって、唯一の打開策は、娘である中宮徳子が皇子を生んでくれることであった。治承二年十一月、待望の皇子言仁《ときひと》（のちの安徳天皇）が生まれた。清盛は、時忠に生まれたばかりの言仁を、皇太子にするよう後白河に要請させ、後白河は承諾し一ヵ月後の十二月、皇太子となった。

清盛が、皇太子就任を急いだのは、安徳の外戚として権力を握り、政権を掌握したかったからではなく、あくまで後白河との関係をよくし、挑発を止めさせたかったからではないだろうか。

言仁の誕生で平氏の世が続くとみたのであろう左大臣経宗《つねむね》・大納言藤原実房《さねふさ》はじめ多くの公卿が、清盛に媚びるように厳島神社に出かけたという（『古今聴聞集』）。後白河と清盛との争いは、皇子誕生でしばらく休戦していたが、清盛の娘で故基実の未亡人・基通の養母盛子が、二十四歳で死去した。これを機にまた両者の争いがはじまった。鹿ケ谷事件で近臣の多くを失った後白河は、こんどは摂関家領を押領され清盛を憎む関白基房と組み、挑発をはじめたのである。

盛子・重盛の死による領地没収と人事逆転　後白河と関白基房の挑発

治承二年十月、後白河の園城寺での灌頂を阻止した延暦寺大衆は、越中国の領地を巡って学生（経典を学んでいる者）と堂衆（寺の雑用をする者）が争い合戦を始めた。その最中に摂関家の財産のほとんどを相続した盛子が、治承三年（一一七九）六月十七日に死去した。このとき後白河は押領され憎んでいた基房と共謀して財産を没収した。『愚管抄』は「又白川殿ウセテ一ノ所ノ家領文書ノ事ナド松殿中サル、旨アリケリ。院モヤウヤウ御沙汰ドモアリケリナド聞テ」と、このとき後白河は、院領にする積りでいたらしいが、のちに基房は後白河に働きかけ返してもらったという。

摂関家領を巡る争いについて、摂関家の三男で摂政関白の地位を狙っていた兼実は、

何に況んやこの後かの資財所領等、豈藤氏に付けられんや。計り以ふに公家の沙汰となすか（『玉葉』十八日条）

天皇領になるらしい困ったことになった。人が言うには、清盛は今後正統な継承人が現れたら、返すと言っているという。正統な継承人とは基通のことである。次いで十九日、基房は相続財産について、後白河を宇治に招いて話し合ったという（同日条）。

一方、同日の『山槐記』は、

大理被示送云、我身有憚、中宮大夫也、不可参、可被沙汰、庄園一向被奉附属主上了者

と、時忠と親しかった『山槐記』の記主権中納言中山忠親《ただちか》は、時忠から遺産のすべてを天皇領にすべきだと主張して欲しいと頼まれたという。

翌二十日の『玉葉』は、天皇の裁定により天皇領になる事になった。望みは断たれたと記している（同日条）。

そして、一か月後の七月二十六日（同日条）には、

疑ふらくは藤氏の家門、併しながら公家の沙汰となる条、氏の神豈その欝無からんやの由、内々ありと云々。口外すべからず云々

と、その一方で裏面工作が進んでいるので心配するなと訪ねて来た者が言ったという。その後この件についての記述は、四ヵ月後に起きた十一月十五日の政変（クーデター）までない。兼実は心配していた「天皇の沙汰」を覆す裏面工作がうまく進んでいたから、安堵して書かなかったのであろう。

天皇領案を考えたのは誰か。盛子の夫基実が死去（仁安元年〈一一六六〉）したとき摂関家の家司であった藤原邦綱が、清盛に入り知恵し摂関家領を押領させた（『愚管抄』）。先述したように邦綱の目的について佐伯氏は、「基実の遺児基通に摂関家を継承させるための方策だったのではないか」とする（佐伯　二〇一四）。この説にしたがえば、邦綱がこのときも清盛に近づき「天皇領」案を提案し、困っていた清盛はこの案に飛びつき、氏長者の指名権

を有する高倉を説得したのではないかと思われる。

しかし、この案に飛びつき望み通り天皇領になったはずなのに、「白川殿（盛子）の倉預を補せらる（前大舎人頭）」（『玉葉』治承三年十一月十五日条）と、気づいたら後白河の近臣兼《かね》盛《もり》が管理していたという。

政変後高倉は、兼実に「去る夏の比より、主上避譲の叡念切なり」（『玉葉』治承三年十二月六日条）と、夏の頃すなわち盛子の死後、譲位を考えていたという。高倉は、盛子の死後、摂関家領を巡る後白河・基房と清盛との熾烈な争奪戦を知りながら、後白河の圧力に屈し、清盛に報せず倉の管理を後白河に任せたのではないだろうか。清盛を裏切ったのである。高倉は圧力を受けるたびに立ち位置が揺らぎ、板ばさみになっていたのである。後白河は、安徳誕生で一時控えていた清盛への挑発を、盛子の死を機に再開した。

盛子に続いて七月二十九日に重盛が死去した。このとき後白河は、清盛に無断で維盛《これもり》（重盛の長男）が相続した越前国を取り上げた。さらに十月九日、人事で清盛が養育していた二十歳の基通を超え、八歳の基房の子師家《もろいえ》を中納言に昇進させた。兼実は日記（『玉葉』）に「当時執政の息、左右の事無しと雖も、年齢八歳、古今例無し。（中略）基通権門の親昵たり。定めて欝する所あるか」（治承三年十月九日条）と、基通はさぞかし悔しい思いをしているであろうと記しているが、基通以上に悔しい思いをしていたのは、これまで養育してきた清盛であったろう。基通は、表12のとおり嘉応二年から安元二年まで「宇治殿の例に依り」（『玉葉』承安四年八月三日条）と、道長の子頼通と同じ早さで昇進していたが、安元二年で止まった。建春門院の死をもって終った。その間の基通の昇進は、建春門院・中宮が清盛の意を受けて昇進させたものであった。

その後基通は基房の子師家八歳に追い越され、清盛の不満は頂点に達していたと思われる。摂関家領の没収は、重盛が死ぬ直前に父入道が謀叛心あるとみて、「トク死ナバヤ」（『愚管抄』）といったという点からみて、七月下旬にはほぼ決まっていたのではないだろうか。そして追い打ちをかけるように後白河は逆転人事をした。人事逆転は、基通の摂政関白・氏長者への道を絶つもので、摂関家領・越前国の没収とは比較にならないほど清盛に大きなダメージを与えたのである。

図15　藤原頼通の系図

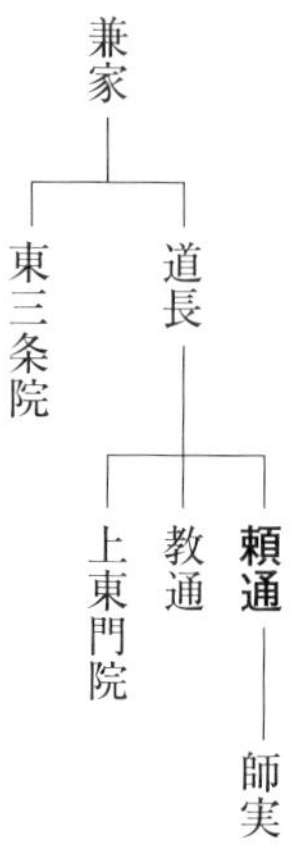

表12　基通と頼通の昇進比較

	基通	頼通（宇治殿）
11歳	嘉応2（1170） 元服　正5位下　昇殿・禁色許可 侍従・右少将	
12歳	嘉応3（1171） 正5位下　右少将　近江介	元服　正5位下　侍従　右少将 昇殿　禁色許可
13歳	承安2（1172） 従4位下　右中将	従4位下　右少将　近江介
14歳	承安3（1173） 従4位上　右中将 （院御給・最勝光院供養日行幸）	従4位上　右少将
15歳	承安4（1174） 従3位　右中将　非参議 （建春門院御給）	従3位　右少将 正3位　右少将
16歳	承安5（1175） 正3位　右中将　美作権守 （臨時）非参議	正3位　春宮権大夫
17歳	安元2（1176） 従2位（3月6日）右中将 （中宮御給）　非参議	従2位　春宮権大夫
18歳	治承元（1177） 従2位　右中将　非参議	従2位　権中納言　春宮権大夫 左衛門督
19歳	治承2（1178） 従2位　右中将　非参議	従2位　権中納言　春宮権大夫 左衛門督
20歳	治承3（1179） 正2位　内大臣　関白	正2位　権中納言　春宮権大夫

（『公卿補任』より）

注1　『玉葉』承安4・8・3条「右近中将基通（寛弘3年宇治殿の例に依り、正下4位上を越え、三品に叙せらる。珍しき事か。面目と謂ふべし）。

注2　藤原道長の子・頼通は、中将・参議を経ずして権中納言に昇進した。

山門学生と堂衆合戦　清盛追い詰められる

盛子の死による相続財産の帰属でもめている間も、延暦寺の学生と堂衆の争いは激しさを増し、翌年堂衆が近江国の三ヵ荘を占拠した。後白河は重盛が亡くなる四日前の七月二十五日、清盛に追討使改め官軍を派遣するよう命じ、追討使の人選は「禅門計り遣はすべし」（『玉葉』治承三年七月二十八日条）と、一任するとの宣旨を下した。が、延暦寺との争いを避けたい清盛は、すぐに出兵させなかったため、一か月半後学生は朝廷に訴えた。やっと二ヵ月後の十月、教盛に命じて占拠していた近江国を攻撃させ、堂衆は比叡山の山中に逃げ込んだ。その後清盛は、経盛・知盛などに攻撃をさせたが、「山の大衆猶以て闘諍し、官兵等坂下に向ふと雖も、山上を攻むる能はず」（『玉葉』十一月三日条）と、官兵が攻めあぐねていたとあるが、地形不利だけでなく、清盛が合戦に消極的だったからであろう。安徳の誕生で政治生命が絶たれる恐れがあった後白河は、同じく摂関の地位が危なくなる基房と組み、盛子・重盛の死を利用して財産を没収し、弱体化させる一方、延暦寺の内部抗争を利用して、延暦寺と戦わせ、平氏の消耗・滅亡を狙ったのである。さらに後白河と基房はとどめを刺すように、清盛が養育していた故基実の子基通を超えて、基房の子師家を中納言に昇進させ基通の摂関への道を断った。

追い込まれた清盛が動いたのは人事逆転から一か月後であった。気のりしない堂衆との戦いに苦戦を強いられ打開策も見当たらず、後白河・基房に報復したくてもできず悩んでいた。
十一月十四日、突如清盛は、厳島参詣途上にあった宗盛を呼び戻し、武士数千騎を従え福原から上洛した。その理由を『玉葉』（十五日条）は、

> 法皇越前国を収公し（入道内大臣重盛の知行国、維盛朝臣これを伝ふ并びに白川殿（盛子）の倉預を補せらる（前大舎人頭兼盛）。已上両事、法皇の過怠と云々。三位中将師家、二位中将基通を超え、中納言に任ず。師家僅に八歳、古今例無し。これ博陸（基房）の罪科なり。この外法皇と博陸と同意し国政を乱るる由、入道相国攀縁す

原因は、越前国、摂関家領の没収そして人事逆転だといい、後白河と関白基房の共謀だという。

翌十五日、武力を背景に政変を断行した清盛は、関白基房・師家を解任、代わって基通を関白に就任させ、十八日に基房を太宰権師《だざいのごんのそつ》に左遷した。そして、二十日、後白河を鳥羽殿に幽閉し、高倉・基通体制に改めた。世にいう治承三年十一月の政変（クーデター）である。この政変は盛子の死から五ヵ月、重盛死後三ヵ月半、人事逆転から一ヵ月後におきている。望みが絶たれた人事逆転の直後ならわかるが時間が経ちすぎている。それは清盛が目前に迫る延暦寺との合戦を如何に回避するか、苦慮していたからであろう。

摂関家領の没収、人事逆転は清盛だけの問題ではなく、清盛を欺き利用した邦綱にとって

も大問題で、清盛以上に邦綱は追い込まれていたと思う。後白河と基房のやりたい放題を黙認したら基通の芽は完全になくなる。清盛の権勢を頼りに危ない橋を渡った邦綱にとって、計算違いだったではすまされない。まさに正念場であったはずである。邦綱は清盛が八方塞がりで悩んでいるのをみて、盛子が相続したときと同様清盛に近づき、一挙に解決できる政変を提案し、背中を押し踏み切らせたのではないだろうか。

基房が左遷され赴任地に行く途中、鳥羽南辺りに着いたとき

前大納言邦綱卿頻申勧前関白出家之由所傳承也（『山槐記』十一月二十一日条）

と、邦綱は基房に出家を勧め、大原の聖人本覚房《ほんかくぼう》の戒を受けさせ、さらに大宰府に行く途中、

前関白自淡路已渡備前給云々、備前国者前大納言邦綱卿知行国也、仍申請禅門奉渡也（十二月十四日条）

と、清盛が怒って配流したのに、邦綱は基房を出家させ、その上清盛の承諾をとり自分の知行国でその身をあずかったという。一見すると、邦綱が基房に恩義があり手を差し伸べたように受け取れるが、基通の摂政・長者就任を妨害する者を排除する絶好の機会である。邦綱が基房を出家させた目的は、摂関家の家司として世話になった恩返しではなく、摂関家継承の望みを絶たせるためであった。

邦綱は、のちに基房が義仲に子師家の摂政就任を条件に協力したように、以前から摂関家

の本流を望んでいたことを察知していた。それを阻止するため邦綱は、リスクはあるが、もっとも即効性のあるクーデターを清盛に迫り、清盛に苦渋の決断をさせ決行させた。その結果基通は関白・氏長者に就任、邦綱は目的を達成したのである。邦綱はそれを見届けるかのように一年半後に亡くなったが、平氏は後白河院政での軍事担当から、高倉院政の政権運営という思いもよらない新たな厄介な課題を抱えることになったのである。

先述した清盛の摂関家領押預に関わった邦綱について佐伯智広氏は、邦綱死後摂関家を基通に継がせたいという想いを受け継いだのは、「邦綱の愛人冷泉局」とする。しかし、たとえ冷泉局が賢女であったとしても、この混迷な時代に、その上権謀術数を好む後白河相手に、若年の基通を抱え乗り切ることは難しく、冷泉局説には賛同できない。その理由は以下のとおりである。

2　邦綱の想いを受け継いだ信範　近衛家への忠誠

後白河と基通との男色関係と平氏都落ちの密告

寿永二年（一一八三）七月二十五日、「平氏都落ち」前後の基通の行動から、邦綱の想いを受け継いだのは誰か、考えてみる。

治承五年（一一八一）閏二月四日、清盛が死去。続いて盟友邦綱が同二十三日に亡くなった。その後東国の頼朝や北陸の木曾義仲などの源氏が、勢いを強め平氏を攻めた。平氏は防戦に追われ遂に寿永二年五月十一日、義仲軍に敗れた。義仲は近江に進出し攻撃態勢を整えた。七月二十五日、義仲軍を恐れた宗盛は、後白河を拘束することに失敗し、安徳天皇、建礼門院（高倉の中宮・清盛の娘徳子）、摂政基通など一族・一門を率いて京を脱出し、西国へ向った。そのとき基通は

摂政（基通）自然にその殃ひを遁れ、雲林院方（信範入道の堂辺）に逃げ去り了んと云々

（『玉葉』同月二十五日条）

と、途中一行から離れ信範のもとへ逃げた。兼実はたまたま基通の判断がよかったからという。『吉記《きっき》』（同二十五日条）は、『玉葉』よりも詳しく次のように記している。

殿下同令扈従給、而自途中西轅逐電、物忩之間、武士等不知此旨、内蔵頭信基朝臣在御共、雖奉留無御承引云々、誠是氏明神冥助歟、先令落着信範入道知足院給、次令向西林寺給、而信基頻留申、依不聞食入（殿下御登山事）、一身遂赴西海、殿下遂令登山給

これによると基通は、平氏に同行して都落ちする途中逃避した。基通に随っていた平信範

の長男で基通の家司であった内蔵頭信基《くらのかみのぶもと》が、思い留まらせようとしたが、振り切って信範邸に向かった。その後、亡父（基実）の墓所西林寺を経て、延暦寺で後白河と合流した。そして五日後の三十日、後白河の指示で故邦綱の五条邸に戻ったという（『吉記』七月三十日条）。後白河が邦綱邸を指示したのは、頼盛が後白河を頼ったとき、頼盛と八条院との関係を考慮して八条院邸を指示したように、邦綱の想いを知っていたからであろう。兼実は基通が引き返した理由を「自然に」と記しているが、なぜ引き返し信範邸に向かったのか。後白河は平氏の一員として行動していた基通をなぜ受け入れたのか、疑問が残る。

この点について『玉葉』は、後日次のように記述している。

寿永二年八月二日条

伝え聞く、摂政二ヶ条の由緒あり、動揺すべからずと云々。一は、去月二十日比、前内府（宗盛）及び重衡等密議に云はく、法皇を具し奉り、海西に赴くべし。若しは又法皇宮に参住すべしと云々。かくの如き評定を聞き、女房を以て（故邦綱卿愛物、白川殿の女房冷泉局）、密かに法皇に告げ、この功に報いらるべしと云々。一は、法皇摂政を艶し、その愛念により抽賞すべしと云々

同月十八日条

摂政（基通）法皇に鍾愛せらるる事、昨今の事にあらず。御逃去以前、先づ五六日密に

参り、女房冷泉局を以て媒となすと云々。去る七月御八講の比より、御艶気あり。七月二十日比、御本意を遂げられ、去る十四日参入の次、又艶言御戯れ等ありと云々。事の体、御志浅からずと云々。君臣合体の儀、これを以て至極となすべきか

この記述によると基通は、冷泉局の働きで男色関係が成立、密告が成功し生き延びることができたという。

では、『玉葉』が記す邦綱の愛人冷泉局とは、どんな女性だったのであろうか。冷泉局は藤原公能《きんよし》の娘で、邦綱との間に清邦《きよくに》・基能《もとよし》・女子一名の二男一女を儲けていた。基実が死去したとき、基実の妻盛子は邦綱の働きで摂関家の大部分の財産を相続することになった。が、十一歳で幼いため代わって清盛が管理することになり、清盛は盛子の後見と基通の養育を邦綱に任した。任された邦綱は、盛子に女房として自分の愛人冷泉局を付けた。しかし、盛子は治承三年六月、二十四歳の若さで亡くなった。邦綱は、冷泉局をそのまま基通に仕えさせ、養育させたという。

佐伯智広氏は、密告と男色について「基通側が平家の都落ちの情報を後白河院にリークし、後白河院が比叡山に脱出する手助けをしたこと、また、基通が後白河院の求めに応じ、後白河院に文字通り我が身を差し出して男色関係を結んだことにあった。後白河院に都落ちの情報を伝え、基通と後白河院の関係を仲立ちした人物こそ、冷泉局だったのである」（佐伯

二〇一四）とする。『玉葉』は冷泉局について、都落ちの際は基通の指示で密告し、男色のときは後白河の求めに応じ取り次いだとあるだけで、冷泉局が積極的に介入し画策したとは記していない。しかし、佐伯氏は、単なる伝達・取り次ぎではなく、積極的にその役割を果たしたとする。

基通は、治承三年の政変のとき清盛によって摂政になった。そのため誰もが平氏の一員と思い、基通本人も恩があり抜き差しならない立場にあった。このまま平氏と行動を共にすれば、氏長者は勿論のこと近衛家そのものも絶える恐れがあった。基通が生き残れる道は、後白河の庇護下に入るより選択肢は残されていなかったのである。都落ちのとき基通がとった行動から考えてみよう。

平氏一行から離脱し引き返した基通は、まず信範邸に寄り、次に父基実の墓所西林寺を経て延暦寺に向かったという。佐伯智広氏は、「基通を平家から離脱させた冷泉局の行動も、基通に摂関の地位を維持させるという目的では、邦綱から一貫したものであったと言えるだろう。邦綱の近衛家の忠実な臣という立場を体現した存在が、冷泉局だったのである」（佐伯 二〇一四）と、基通を離脱させたのは邦綱の想いを受け継いだ冷泉局だったとする。離脱後基通が向かった先は後白河の居る延暦寺ではなく、信範の所であった。なぜ信範邸だったのであろうか。密告が基通の独断、あるいは冷泉局の判断であったなら、このときすでに後白河は延暦寺に居たのだから、信範邸に寄ることなく真直ぐ延暦寺に向かってもよかったはずである。それに反して信範邸に向かったのは、その後の指示を受けるためだったのではないか。都落ちのとき基通に付き添っていた信基は、何度も引き返すよう言ったが、基通は聞き入れなかった。諦めて父信範に任せ平氏一行を追い、壇ノ浦の合戦で負傷し捕まり備後国に配流された（『吾妻鏡』）。四年後の文治五年四月に京に召し返されたが、その後は官職に就かなかったという。信範は、子信基にも基通を救済する計画を打ち明けず秘密裡に行っていたのである。

次に男色についてであるが、このような切迫した状況にあったとき、たまたま後白河から男色を求めてきたというのは、タイミングがよすぎる。後白河の方から求めてきたのではなく、基通側から後白河の性癖に目を付け働きかけ、後白河がそれに応じたというのが事実だったのではないだろうか。この一連の工作を冷泉局が一人で実行したとは到底思えない。

では、基通が向かった先の信範とはどんな人だったのであろうか。

信範と摂関家の関係

信範は、清盛の妻時子、時忠、建春門院の父時信の弟で、彼らの叔父であった。信範は十歳で文章生《もんじょうしょう》となり父知信と同じく摂関家に仕え、崇徳天皇の中宮聖子《せいし》（忠通の娘皇嘉門院《こうかもんいん》）

の中宮権少進《ごんのしょうしん》、鳥羽院の后になった高陽院《かやのいん》（忠実の娘泰子《たいし》）の判官代《ほうがんだい》となり、四十歳のとき故基実の家司となった（『兵範記』仁平二年八月十七日条）。信範の妻は、基実の乳母であったという（『山槐記』治承三年六月十九日条）。そのご信範は、摂関家の推挙で蔵人、少納言、右少弁など実務官僚職を歩んだ。仁安二年、五十五歳のとき権右中弁、従四位下、蔵人頭、従四位上と別人のように昇進した。その仁安二年（一一六七）とはどんな年で、信範とはどんな関わりがあったのであろうか。

前年の仁安元年、姪の建春門院が産んだ憲仁が皇太子になり、後白河・建春門院は側近を外戚である平氏で固めたが、平氏には建春門院の異母兄時忠と叔父の信範以外実務に明るい者がいなかったので、二人を重宝し要職につけた。信範が兵部卿になったとき兼実は、「納言の中、その人甚だ多し。最末の散三位拝任如何。女院（建春門院）の御傍親に依るか」（『玉葉』承安三年正月二十二日条）と、建春門院の引きによるものと記し、建春門院が亡くなる直前、女院の御給で正三位に昇進している。信範はその翌年建春門院の一周忌直前に病気を理由に出家辞任した（六十六歳）。

信範は基実が亡くなった二か月後の日記『兵範記』（仁安元年九月二十七日条）に、

参河志貴御庄下條、可知行由、大納言殿以安芸守能盛示給、歎之中悦也、是尊霊之遺徳也、深畏申了、件庄三川守保相当任立券私領、其後寄進前宇治殿、其後伊賀丹波伝領、其後

皇后宮大進殿伝領、其後故尼上雖得譲、不及知行、今中絶、下官当奉行、尤本意者也

と、この清盛による預所補任は、盛子が相続する際、邦綱と共に内部事情を知る信範が、摂関家所領目録（『兵範記』保元元年七月二十日条）などの資料を提出した礼だったのであろう。しかし、信範は預所にしてくれた清盛よりも、むしろ永年勤めている摂関家に感謝しているのである。

清盛は裕福な邦綱には官職を、財産のない信範には荘園を与えてその労に報いたのである。信範と清盛との関係はこれを機に近くなり、清盛が内大臣になったとき、信範は拝賀の行列に「親昵之好」（『兵範記』仁安元年十一月十六日条）で参加したと記しているが、甥の時忠が清盛の右腕として武家平氏に従ったのに対し、信範は少し距離をおいていた。

基通と邦綱、信範との関係

邦綱と信範の二人はどんな関係だったのであろうか。保元三年（一一五八）、関白であった忠通の前を権中納言藤原信頼が横切った。怒った忠通の随身が信頼の車を破壊した。寵臣信頼の訴えで後白河は、摂関家の家司だった邦綱を除籍、信範を解官処分にした（『兵範記』保元三年四月二十一日条）。邦綱と信範は、摂関家の家政機関の中心人物として責任を取らされたのである。邦綱は忠通・基実に、信範は忠実・忠通・基実の側近として仕えた。基実が死

去したとき、邦綱は四十五歳で従三位参議・右京大夫であった。一方の信範は五十五歳で正五位下、子の信季に官位を譲り左京権大夫を辞任し無官であった。信範に比べ邦綱は若かったが、摂関家でも官僚としても常に上位者であった。

邦綱は、故基実の遺児基通元服のとき、「この日故摂政（基実）殿若君（基通）元服。奉行人邦綱卿」と奉行役を務めた（『玉葉』嘉応二年四月二十三日条）。一方の信範も基通が従三位非参議に昇進、拝賀のとき、「信範入道相国の許（福原）に向かひ、子細を示し合はせ、偏にかの命に随ひ行ふ所なり」（『玉葉』承安四年八月十九日条）と、邦綱同様基通の養育に関わっていたという。

信範、基通の後見

治承三年（一一七九）十一月、清盛は平氏政権を成立させ、基房を左遷し代わって養育していた基通を関白に就任させた。当時二十歳、非参議右中将であったのを、中納言・大納言を飛ばし、関白・内大臣に就任させた。そのため基通は上卿としての政務経験がなく、摂関家の内情にも暗く、儀式作法も未熟であった。兼実は、日記『玉葉』（治承三年十二月十日条）に信範が訪ねて来て

数刻談話す。簾を隔ててこれに逢ふ。多くこれ新博陸、未練の間の事歎き申すなり。日

来籠居の人、俄に重任に居り、毎事網然、術無き由命ぜらると云々

と、基通は未熟で何も知らない、頼りにされ忙しいと愚痴をいって帰ったという。基通は信範を頼り、信範も愚痴をこぼしながらも面倒を見ていたのである。

基通が、氏長者として初めて平等院に行ったとき、邦綱と信範が付き添った。『玉葉』（治承四年三月五日条）は

信範入道は竊に閑所に候ふべきか。而るに車を下るる所に参会し、先駈の中に相交じる、太だ見苦しと云々

と、出家者信範が関係者に指示をしていたという。その後も基通と信範との結びつきはますます強くなり

公卿、朝方、雅長等、簀子に候す。摂政壺禰の簾を巻く。信範入道、その傍に祇候す。人以て目を属くと云々（『玉葉』治承五年二月十九日条）

と、基通の傍らに信範がいて面会者は驚いたという。信範は出家後も基通に仕え、基通も信範の後見を隠すことなく公にしていたのである。

信範、基通の生き残りを考える

信範は、現役のとき後白河院政で蔵人頭として働き、後白河の男色遍歴（五味　一九八四）、

平治の乱の首謀者藤原信頼、鹿ケ谷事件の首謀者成親、清盛の嫡男重盛、子の資盛などとの関係を熟知していた。また、平氏についても時子・時忠・建春門院の叔父で、武家平氏を含め一族の事情を知り尽くし、そして永年摂関家の家司を務め、摂関家の内部事情にも詳しく、かつ、基通の養育の片棒を担ってきて、その性格をよく把握していた。長男信基は、当時四十六歳内蔵頭、六男信清は三十八歳、七男信広は三十一歳分別盛りで共に基通の家司であった。出家していたとはいえ信範は彼らから情報を得られる立場にあったのである。

基通が、都落ちのとき、離脱し真っ先に向かったのが信範邸であったことは、『玉葉』、『吉記』に記述があるから事実である。その目的は先述したように今後の指示を受けるためであったと思われる。このことから信範が計画し、子を情報収集役、冷泉局を伝達・実行役として、基通に男色・密告・離脱をさせたと考える。邦綱の想いを継いだのは冷泉局ではなく、基通の幼少の頃から後見の立場にあった邦綱の同僚「信範」と考えて間違いないだろう。

以上のように信範は、邦綱が死去したあと摂関家の嫡子基通を護るため、邦綱が残した冷泉局を使い、基通を救った。基実が亡くなったとき邦綱が清盛に知恵を授けたのは、清盛のためでなく、あくまで摂関家のためであり、本心を隠蔽し当時権勢強大であった清盛を欺き利用した。それとは知らぬ清盛は、権益を求めて摂関家に介入して、摂関家領を押領し一時の栄華をむさぼった。邦綱亡き後信範も基通に平氏を裏切らせた。邦綱と信範は、永年摂関家に家司として仕え、身につけた狡猾な謀計を駆使して、平氏を欺き近衛家の継承に尽力・貢献したのである。結果として、この二人の近衛家への忠誠心が、清盛に政権を奪わせ、中世へ移行、歴史を動かせたのである。

邦綱・信範の子孫と摂関家との関係

邦綱は、冷泉局との間にできた男児清邦《きよくに》を清盛の養子にした。清邦は平氏が都落ちしたとき九歳であった。その後の消息はわからない。正室との間に儲けた娘は、六条、高倉、安徳そして建礼門院の乳母として天皇家、平氏に尽くさせた。また、三女の輔子《すけこ》は、清盛の五男重衡の妻で安徳の乳母であった。重衡が斬殺されたあと、建礼門院に付き添い平氏を弔った。邦綱家には清邦の外に非参議になった基能（行）がいたが、その後の消息は不明で家系は断絶したという。

他方、信範は、子の信基にも胸の内を明かすこともなく、安徳に同行させたように、恩のある朝廷や平氏にも報いた。安徳に随った信基には男子がいなかったが、養子が後を継ぎ公卿を多数輩出し、西洞院家として維新のとき子爵となった。その一方で娘信子《のぶこ》を基通に嫁がし、生まれた子道経《みちつね》は正二位・右大臣となり近衛家を支えた。信範はしっかり近衛家に子孫を残したのである。

二人とも同じように摂関家の家司を足場に出世したが、邦綱は清盛に接近し一代で権大納言になり、蓄えた富で公家ならびに世話になった平氏に尽くした。信範も代々摂関家の家司の家に生まれ摂関家に仕えた。後白河の寵愛をうけた姪の滋子（建春門院）は、実務に明るい叔父信範を重宝し昇進させた。邦綱に比べ位階官職も低く昇進も遅かったが、それだけに生きることにしたたかであった。故基実の遺児基通の養育係として邦綱は攻めの、信範は守りの後見役を果たしたのである。

第五章　平氏政権の成立
（治承三年の政変から福原遷都までの半年間）

1　治承三年十一月の政変（クーデター）　邦綱の深謀遠慮

治承三年十一月十四日、武士数千騎を引き連れ福原から入洛した清盛は、翌十五日、五男重衡から高倉に次のように言わせた（『玉葉』十五日条）。

近日愚僧偏に以て棄て置かれ、朝政の体を見るに安堵すべからず。世間に罪科を蒙る後、悔いて益無かるべし。身の暇を賜はり辺地に隠居するに如かず。仍って両宮を具し奉らんため、行啓を催し儲くる所なりといへり

と、自分の意見が通らなければ、皇太子言仁と中宮徳子を、福原に連れて行くと高倉に通告上卿已下を召し、詔書宣命等の沙汰ありと云々（その実今日より右将軍〈宗盛〉及び若州等、数遍往還、内々議定の後、使を進らせらると云々）

と、この申し出を高倉は受け入れたという。その一方で清盛は、公卿詮議前に宗盛・大納言

隆季《たかすえ》・邦綱・時忠など親平氏派の公卿と内議を開き意見をまとめ、高倉側に提出し、何度も調整した。その結果基房を配流、代わりに基通を関白にし、師家や太政大臣師長など三十九人を解官した。その中に清盛の弟頼盛も含まれていた。『玉葉』は、「頼盛卿（六波羅にありと云々）を伐たんため」「六波羅に寄せ合戦す」（十一月二十日条）と記しているが、実際には噂だけで合戦はなかったようだ。原因は分からないが、所領は没収（『玉葉』十一月二十二日条）されており、頼盛が後白河側に加勢していたことには間違いない。

清盛は、政変後の体制について高倉と調整したとするが、武力によるクーデター中に高倉が、清盛案に異議を唱えることは難しく、一方的に押し付けられたのであろう。しかし、そのような状況にあっても清盛は、公卿詮議を経るなど法に従って処理させていた。この両者の打ち合わせを根拠に元木泰雄氏は「清盛と高倉が連携」（元木　二〇〇二）したとする。しかし、高倉は、後述するように厳島への御幸、福原遷都でも、清盛の意のままに従っており、高倉の意志はみられない。したがって、提携したのではなく、清盛が一方的に押し付けたもので、その間何度も調整させたのは、高倉の意見を十分聴き入れたという演出であったと考える。

その後清盛は、要職に親平氏派の公卿・貴族、平氏一族・家人を登用し、後を高倉・宗盛に任せ、途中倉預りだった兼盛の手を切らせ福原へ帰った。一方機を見るに敏な後白河は、十五日「自今以後万機不可有御口入」（『百錬抄』）と、自ら院政停止を申し出たという。しかし、清盛は直ちに後白河に手を付けず、高倉政権の体制が整うまで待ち五日後の二十日、鳥羽殿に幽閉した。

清盛が、中宮徳子と皇太子言仁を伴い、福原に行くと申し出たことを根拠に、上横手雅敬氏は「実現には至らなかったものの、遷都の計画はクーデターの際に胚胎するのである」（上横手　一九八九）と、さらに一歩踏み込んで髙橋昌明氏は、「中宮徳子・東宮言仁の福原行きはすでにこの時点で予告されている」（髙橋　二〇〇六）という。はたしてそうだろうか。福原遷都をこのとき決断していたなら、遷都した際計画案があって当然である。それが後述するように皇居もなければ、公卿の泊まるところも用意されていなかったのである。さらに新都計画図の一枚もなく、遷都後あわてて議論する始末で、そのあげく二転三転し中断したという。大嘗会の開催についても、遷都後始めた新皇居の建設が間に合わないため翌年に延期したという。しかし、工事が遅れ間に合わないと言っていた新皇居は、十一月十一日に完成した。急げば間に合った。清盛に強い意志がなかった証である。高倉の厳島への御幸、以仁王の乱が引き金になり、反平氏派の興福寺などの僧兵の攻撃を避けるため一時避難したと考えるのが妥当である（石母田　一九八九）。この問題点は、本書のテーマである清盛が政権欲しさに権力を求めたか、という問題の核心部分であるので、福原遷都の項でさらに検討する。

この政変を石母田正氏は、武家平氏が「後白河院政を停止し、平氏が院政に制約されずに政治的行為を行った」（石母田　一九八九）として、平氏政権が成立したとする。上横手雅敬氏は「清盛にとって可能であったのは、院政そのものの廃絶ではなく、意のままになる院政を生み出すことであって、それが平氏政権の成立なのである」（上横手　一九八九）と、両氏ともこの政変で武家平氏政権が成立したという。田中文英氏は「この政変は、清盛にとっては積極的に新政権の樹立を図るためではなく、平氏一門のいわば政治的既得権益を保全するための防衛的・対抗的な意識と目的のもとに敢行したものとみるべきであろう」（田中　一九九四）と目的は政権を奪取することではなく、既得権益を守るためだったとする。

平氏政権は、政権の枠組みを変えることもなく、現状の院政・摂関制度を踏襲したもので武家社会の実現という大義もなく、権力欲しさに政権を奪取したものでもない。清盛が求めていたのは、田中説のとおり三代に亘って築いてきた平氏一門の経済基盤の崩壊を阻むため、やむに已まれずしたもので、政権奪取によるさらなる繁栄ではなく、一門の現状維持であり、安定であった。この政変で清盛が得たものは、以後自分が全責任を負って政治を行うことと、平氏の知行国が九ヵ国から十九ヵ国に倍増し反平氏勢力を増大させたことであった。

2　高倉院政と安徳即位　傀儡政権樹立

治承三年十二月十六日、清盛は皇太子言仁を西八条亭に迎え、道長が孫の後朱雀天皇に『文選文集《もんぜんもんじゅう》』を贈ったことにならい、宋から送られた百科事典『太平御覧《たいへいぎょらん》』を言仁に贈った。元木泰雄氏は、この『太平御覧』の贈答を「帝王となった皇子が宋に思いを馳せ、豊かな海外知識を背景として、日宋貿易を発展させることはもちろん、対外交流を基盤とした新たな国家を構築することを期待していたのであろう。あるいは、当時すでに未来の帝王のために、海に開かれた新首都を思い描いていたのかもしれない。東宮践祚の前日、清盛は国家的大事業として大輪田泊の修築を命ずることになる」（元木　二〇〇一）とする。このように元木氏は、清盛は言仁に貿易立国を期待し、貿易を核として福原を平氏系新王朝の首都にしようと思っていたかもしれないとする。

新しい日本を築いてくれるよう期待を込めて『太平御覧』を贈る儀をしようとしたとき、「御送物之間、無公卿着御前座之儀」（『山槐記』同日条）と、連絡不手際で今までいた公卿が解散し、「人々多以遅参」、あわてて人を集め贈呈式を行ったという。元木氏が主張するように、この儀式が清盛にとって大事なものであるとしたなら、手違いはまずありえない。道長が贈った『文選』は中国の詩集である。道長にならったとしたなら、言仁に目を国外に向け諸外国の国情、文化、文明を学び広い教養を身に着け、人格豊かな天皇になって欲しいという、祖父としての切なる気持ちだったのではないだろうか。清盛は、この『太平御覧』を十ヵ月前の二月にも娘婿高倉に贈っており（『山槐記』二月十三日条）、孫の言仁だけではない。清盛はその日一日中、言仁を相手に機嫌よかったというから、贈呈式はその程度の儀式だったと考える。

さらに元木氏は、清盛は翌年（治承四年）二月に大輪田泊（現兵庫港）の改修を命じたから、福原新都は本気だったという。しかし、その後改修工事の進捗状況を示す史料は見当たらず、工事がどの程度進んでいたかも分からない。また、後述するように福原遷都したとき、新都計画地の選定にあたり、清盛は福原に特に固守せず小屋野（現在の兵庫県伊丹市）や印南野（同県加古川・明石市）なども検討させている。これらの地は大輪田泊からかなり遠い。したがって、平氏系新王朝の首都は福原であろうとなかろうと、どこでもよかったということである。

大輪田泊改修を申請した翌日（二月二十一日）、高倉は清盛の孫言仁（安徳）に譲位した。田中文英氏は「高倉天皇を傀儡として平氏の専権体制が形成された」（田中　一九九四）といい、上横手雅敬氏も「高倉に何の権限もなく、ただ清盛の意のままであった」（上横手　一九八九）と、清盛は院政を否定せず、後白河を高倉に代え傀儡政権を発足させ、高倉院政を始めさせたのである。絶大な権力を握った清盛でも、院政を否定して天皇親政に戻すのは難しかったのである。

3　大輪田泊改修　福原での日宋貿易容認を図る

清盛は、仁安二年（一一六七）二月に太政大臣に就任、三ヵ月後の五月に辞任，五十歳であった。翌年二月に病（病名・寸白、寄生虫病）に倒れたが、その後病気も治り出家して法名を静海とした。清盛は福原（現在の神戸市兵庫区平野の交差点付近）に別邸を建て、年に一回程度京都に帰るだけで、ほとんど福原で暮らしていたという。移住の目的について清盛は「爰近年占摂州平野之地、為遁世退老之幽居」と朝廷に提出した『大輪田泊石椋造築役事之解状』（『山槐記』治承四年三月五日条）に書いている。福原移住の目的を隠居のため、景勝の地であるからといい、移住したのはここ近年という。嘉応元年（一一六九）三月二十日に後白河が福原を訪ねているから、年初には移住していたと思われる。続いて『解状《げじょう》』（申請書）は、「輪田崎は絶えず船が往き来しているが、朝夕東南の風が強く吹き、避難するところもなく困っていると聞き、見るにみかねて私費で港の入り口に新島を築いたが激浪で崩壊した。

私力では無理なのでぜひ国で港の改修をしてほしい。工事は延喜の例にしたがい畿内・山陽南海両道の諸国から、荘園・公領を問わず一国平均役として田一町・畑二町ごとに一人の割合で人夫を割り当てること、ただし播磨と備前国は除くとし、また往来する船が下向する際には、梶取・水手に三日間ずつ人夫として働かせること」としている。

後白河は清盛の計らいで嘉応二年（一一七〇）、福原で宋人と面会した（『玉葉』九月二十日条）。すでにこの頃から太宰府以外で禁じられていた貿易を、清盛は福原で行っていたのである。清盛の福原滞在の目的は、隠居や景勝地だからではなく、太宰府と同じように京都に近い福原で宋との貿易を認めさせようとするものであった。そして、賦課にあたって播磨国と備前国は、治承元年（一一七七）四月の大火で焼けた小安殿、大極殿を再建する予定であるから除外してほしいとする。このとき清盛は、焼失した建物を建てる積りでいたが、高倉院政の先が読めないため、工事を止めさせていたのであろう。

この清盛の『解状』は、二月二十日に出され即日施行、上卿を兼実と指名した。兼実は辞退したが、清盛は認めなかった。この『解状』の施行日が、なぜ高倉から安徳に譲位する前日だったのか。またなぜ兼実でなければならなかったのか疑問である。

まず施行日であるが、田中文英氏は「高倉親政をそのまま院政へと転じるのではなく、延喜聖代の政をうけつぐ施策をもりこんだ太政官符を諸国に下すことによって、高倉親政の悪しきイメージを払拭することで締めくくり、それをふまえて高倉院政の発足へとつなげていくという、清盛の周到な政治的意図をよみとることができるのである」（田中　一九九四）とする。しかし、この大輪田泊の改修工事は、もとをただせば清盛個人の私利私欲のための工事である。それを隠蔽し延喜の先例にならい国費でやれというのである。判断もできない三歳の安徳では清盛の強引さが際立ち批判をうける。そのため成人天皇が先例にならって施行したという筋書きが必要であったのではないか。

さらに清盛が上卿を兼実にこだわったのは、太宰府以外での宋との貿易が禁止されているなか、後白河を巻き込み、なし崩し的に福原で貿易をはじめたが、港が崩壊した。清盛はそれを機に改修工事を国家の事業として施工することで、福原を太宰府と同格に押し上げようと目論んだのである。一方、兼実は、清盛個人の利益のために、摂関家が手を貸し利用されることを嫌い断ったが、清盛は聞き入れなかった。この改修工事は太政官符として全国に発布されたが、先述したように工事の進捗を記す史料も見当たらない。また福原遷都中大輪田泊に宋の大型船が入港したという（『山槐記』治承四年十月十日条）。港は一部崩壊していたとはいえ使用可能であった。清盛は、貿易を拡大するため港の拡充を図ろうとしたものと思う。

上横手雅敬氏は、この改修工事と福原遷都の関係について、「従来清盛が私力で進めてきた大輪田泊の修築は、ここに国家的事業と認められ、清盛は入津する船舶への課税権をもつことになったが、これも福原遷都の前提と評価することができよう」（上横手 一九八九）と。五味文彦氏も「福原遷都の布石といえなくもない」（五味 二〇〇二）とする。この改修工事が福原遷都の先行工事であるならば、並行して皇居や住宅の建設が行われ、六月に遷都したときには、かなり出来上がっていてもおかしくないはずであるが、しかし、なにもなかったという。

4 高倉上皇厳島神社へ御幸　大寺院反対

高倉は、治承四年三月十九日、山門（延暦寺）・寺門（園城寺）・権門（興福寺）の反対を押し切って、平氏の守護神である厳島神社に参詣のため出かけた。『百錬抄』（同日条）は、

入道大相国（清盛）中行之故也

と、清盛が勧めたからだという。『高倉院厳島御幸記』は

位降りさせ給ては、八幡などへこそいつしか御幸有に、思ひもかけぬ海のはてへ浪を凌ぎて、いかなるべき御ぞと歎き思へども、荒き浪の気色、風もやまねば、口より外に出す人もなし

と、「荒き浪の気色」すなわち清盛の意向に高倉は逆らうことができず言われるまま出かけたという。

退位後の最初の参詣は、石清水、賀茂、春日、日吉などが慣例であり、厳島神社は誰の目から見ても異常で、大寺院にとっては死活問題であった。清盛は物言わぬ高倉を強引に行かせたのである。この厳島御幸は十七日出発の予定であったが、「園城寺の大衆発起し、延暦寺及び南都の宗徒を相語らひ、法皇及び上皇の宮に参り、両主を盗み出し奉るべき由、去る八日評議をなす」(『玉葉』十七日条)と、猛烈な反対運動が起き危機を回避するため延期せざるを得ず、十九日に変更し、清盛は宗徒の来襲を恐れ、後白河を手薄な鳥羽から五条大宮へ移させた。そして、市中では高倉を厳島から京に戻さず、そのまま西海に留めおくらしいと噂が飛び交っていたという。

一行が福原に着き『厳島御幸記』の記主源通親《みちちか》は、「所の様、造りたる所々、高麗人の配しけるも、理とぞ見ゆる」と、福原には清盛の別邸を中心に一族一門の邸が各所に建っていて、住宅の形状、配置などを朝鮮人が設計したと聞き、なるほどと思ったという。当時高麗《こうらい》は風水思想の全盛期であり、福原は風水に適った地でもあったのである(中島 二〇〇四)。

5　以仁王の乱　頼政の不満とは

治承四年（一一八〇）四月二十二日、三年前に大極殿が焼けたため、紫宸殿で安徳の即位式を行い、二十七日に秋に行う大嘗会の準備に着手、清盛は高倉・安徳体制の確立を急ぎ政権の安定に努めた。その最中に安徳即位によって皇位継承の可能性が無くなった後白河の第三皇子以仁王《もちひとおう》と、平氏の武将源頼政が組んで反抗、挙兵したが、十日ほどで鎮圧された（以仁王の乱）。頼政の離反を契機に親平氏派だった左大臣経宗までが平氏の政策に従わなくなり、地方においても反抗武士が胎動し、反平氏運動が高まった。ここで取り上げるのは、以仁王の動機でなく、平治の乱以後平氏に身を寄せ外様とはいえ、平氏軍の中枢にいて、平氏政権消滅のきっかけをつくった頼政の動機である。

以仁王の乱について『吾妻鏡』は、四月九日、頼政が以仁王を訪ね、王の不遇と平氏の横暴を訴え、天下を取るよう勧めたことが発端であるという。以仁王は、頼政の話に乗り諸国の源氏と武士に、平氏を国家への叛逆と仏法を破滅させる者、と呼びかける令旨を頼政の長男伊豆守仲綱《なかつな》に発し、源頼朝の叔父行家《ゆきいえ》を八条院の蔵人に任じ、頼朝はじめ東国の源氏や武士に伝えさせたという。

清盛は、五月九日、福原で謀反を聞き、すぐ上京し以仁王の逮捕と鳥羽殿に幽閉中の後白河を奪取されないよう指示して、翌十一日に福原へ帰った（『玉葉』五月十二日条）。十五日、謀反人以仁王を源以光《もちみつ》と改め、逮捕することになった（『山槐記』同月十五日条）。検非違使だった頼政の子兼綱《かねつな》（弟頼行《よりゆき》の子・養子）が、頼政に知らせ、頼政は以仁王に園城寺（三井寺）に逃げるよう伝えたという（『吾妻鏡』）。

二十一日、平氏軍は二十三日に三井寺攻めを決定、頼政も加わることになった（『玉葉』二十一日条）。頼政は、二十二日の早朝自邸を焼き、仲綱、兼綱以下同族の者五十人、武士二百五十人を連れて三井寺にいる以仁王のもとに駆けつけた（『山槐記』同日条）。三井寺の衆徒は、延暦寺、興福寺の衆徒に参戦するよう要請したが、二十六日、延暦寺は座主明雲の説得によって賛同せず、以仁王は仕方なく南都（興福寺・東大寺）に向かった。頼政軍は、以仁王を見送った後、宇治で合戦したが全員討死もしくは自害した。以仁王一行も奈良へ行く途中討死にした（『山槐記』『玉葉』同日条）。

令旨が出たのは四月九日、頼政が以仁王に加わったのは五月二十二日、その間四十余日あったが、露顕しなかった。『源平盛衰記』は使節の行家が、各地の源氏に令旨の写しを見せ、挙兵を促したというから、直ぐにでも洩れてもおかしくないのに、四十余日も分からなかったのは、三年前の平氏打倒をめざす鹿ケ谷事件のときと同様、平氏は反平氏対策を考えていなかったか、それとも怠っていたかどちらかであろう。いずれにしても情報政策に欠陥があったと言える。この情報網の弱さは清盛死後も宗盛に引き継がれ、都落ちの際、情報が洩れ後白河・摂政基通に逃げられている。

造反者頼政の動機

頼政の動機について『平家物語』は

源平いづれ勝劣なかりしかども、今者雲泥まじはりをへだてて、主従の礼にもなほおとれり。国には国司にしたがひ、庄には預所につかはれ、公事・雑事にかりたてられて、やすひ思ひも候はず。いかばかり心憂く候らん。君もしおぼしめし立たせ給て、令旨をたうづるものならば、夜を日についで馳のぼり、平家をほろぼさん…

と記している。

『吾妻鏡』『平家物語』は、頼政が後白河の幽閉、孫の安徳の即位など清盛の横暴を説き、以仁王こそ真の継承者であると煽りつつ、その一方で平氏一族の下で汚れ役をさせられ、昇進も遅い。もう我慢ができないからだという。さらに『平家物語』は

わたくしには思ひも立たず、宮をすゝめ申たりけるとぞ、後には聞えし（巻第四競）

と、頼政は平治の乱で義朝を裏切った身であり、その上個人的報復では誰も付いてこない。そのため平氏を恨んでいる以仁王、養母で庇護者である八条院を大義名分として利用したと

いうのが頼政の動機だというのである。

『源平盛衰記』は、

そもそも三位入道頼政の、かかる悪事を宮に申し勧め奉る事は、馬の故なりという。馬の話とは、清盛の三男宗盛が、頼政の嫡子仲綱所有の名馬・木の下を所望したが、仲綱は拒んだ。怒った宗盛は馬を連れてこさせて、馬に「仲綱」と焼印して客人に見せ笑いものにした。この話を聞いた頼政は、そのとき謀反を決意した、というのである。

『源平盛衰記』は、頼政の動機を「馬の話」というが、前後の関係もなく唐突で不自然である。頼政の動機がわからないので、無理やり創ったように思える。おそらく宗盛と仲綱との関係が悪いのを「馬の話」にすり変えたのであろう。動機が馬の話より『平家物語』の方が頼政の心情がよく表現されており、説得力がある。

『源頼政』の著者多賀宗隼氏は「以仁王と頼政とを対比して考えれば、頼政を主動力と考える外はないであろう」とする（多賀　一九九七）。

五味文彦氏は、「清盛の推挙で公卿（三位）になったとはいえ、平氏一族の出世に比べ頼政一族の昇進は遅く、将来も期待できそうもない。治承三年十一月の政変で清盛の横暴を見て、清盛に不満を持つ以仁王を誘い挙兵した」（五味　二〇〇二）とする。

これに対して上横手雅敬・元木泰雄氏は、「頼政は以仁王を支援する八条院に要請された」

とする（上横手　二〇〇六・元木　二〇〇二）。

従来『平家物語』を拠りどころにした頼政説が通説であったが、近年以仁王説が有力である。上横手・元木説によれば、頼政は三十歳になっても親王にもなれない王のために、勝ち目のない戦いとわかっていながら挙兵し、主たる一族全員を死なせたことになる。八条院にたとえ恩義があったとしてもそこまでするであろうか。そうではなく清盛に対し耐えられない不満があったからと考えるべきではないか。

『玉葉』（治承二年十二月二十四日条）は、

今夜頼政三位に叙す。第一の珍事なり。これ入道相国の奏請と云々。その状に云はく、源氏平氏はわが国の堅めなり。而るに平氏に於ては、朝恩已に一族に普し。威勢殆ど四海に満つ。これ勲功に依りてなり。源氏の勇士、多く逆賊に与し、併しながら殃罰に当る。頼政独りその性正直、有名世に被ぶり、未だ三品に昇らず。已に七旬に余れり。尤も哀憐あり。何に況んや近日身重病に沈むと云々。黄泉に赴かざる前、特に紫綬の恩を授くといへり。この一言に依り三品に叙せらるると云々。入道の奏請の状賢しと雖も、時の人耳目を驚かさざる者なきか。

と、清盛が当時七十五歳の老齢で病床にあった頼政を気遣って推薦した。そのお陰で三位になれたのだという。兼実は清盛の温情を理解しつつも、「第一の珍事」と批評している。頼政の主人は後白河でも八条院でもなく清盛である。

その翌年、治承三年（一一七九）十一月十五日、清盛が後白河を幽閉、摂政基房を配流、多くの公卿、貴族を罰した。その十三日後の二十八日に頼政は出家したが、理由は不明である。そして翌年の五月に以仁王と共に乱を起こした。

念願の三位になれ、家督も仲綱に譲り、出家し好きな和歌を通して貴族と交わり余生を送っていた頼政の身に何がおきたのであろうか。

頼政の清盛への不満

治承三年の政変で清盛は力ずくで皇位を奪い政権を握った。頼政は清盛の横暴なやり方が嫌になり、家督を仲綱に譲り出家した。そんなとき宗盛と仲綱の間で、「馬の話」と似たような問題が起き、頼政は子達の将来を悲観して挙兵に踏み切ったとも考えられるが、一族を犠牲にしてまで反抗するような問題ではなく説得力に欠ける。

宗盛と仲綱との不仲の原因は、もとをただすと清盛と頼政との関係にあったのではないか。

①平氏の汚れ役

清盛は、「第一の珍事」と言われながらも頼政を三位・公卿にした。清盛は頼政を友軍の武将として信じきっていたのである。一方の頼政は、以仁王に謀反を勧めたとき「源平いづれ勝劣なかりしかども、今者雲泥まじはりをへだてて、主従の礼にもなほおとれり」(『平家物語』)と言ったという。これにしたがえば世間が驚くほど出世したにもかかわらず、本人は清盛に不平不満を抱いたということになる。では、不満の原因である主従の関係以下とは、なにを指しているのであろうか。

建春門院が死去した翌安元三年(一一七七)に起きた山門強訴事件で、後白河は近臣西光の告げ口によって清盛と親密な関係にあった座主明雲を、衆徒を扇動したとして罷免、逮捕し伊豆国へ配流した。伊豆国は頼政一族の知行国であったから、後白河は護衛を頼政に命じた。が、護送途中衆徒に奪われた。怒った後白河は、頼政を詰問した。すると頼政は、「殊に山僧の濫行を恐れ、守護すべき旨、これを召し仰せられず」、だからとくに警護を厳重にせず普段通りしたと答えたという。そして、「若し兼ねてこの由を承らば、一身争でか受けとらんや。須らく辞し申すべきなり」と、命令時に聞いておれば断っていただろう。それより一刻も早く坂本を防備し延暦寺を攻めるべきだ、と開き直ったという(『玉葉』五月二十三日条)。

この事件で大内守護を務める頼政が、後白河が防戦していた重盛に、場合によっては矢を射ること(『顕広王記』、『愚昧記』四月十三日条)、検非違使には奪われそうになったら明雲を殺害してもよいと許可していた(『愚昧記』五月十六日条)ことを、まったく知らなかったとは思えない。その意向を無視するかのような発言は、頼政個人の判断によるものとは考え難い。明雲の配流に反対する清盛に、指示された通り弁明したのではないか。頼政にとっての主人は、後白河ではなく清盛であった。建春門院亡き後、清盛と後白河とは互いに反発し争いが絶えなかった。その中で頼政の役割は、平氏一族が直接関わると関係をさらに悪化させるなど、避けたい問題への対応処理という汚れ役であった。歌人として貴族と交わりの深かった頼政は、清盛の命に唯々諾々と云われるままやらねばならない自分が情けなく、やりきれなかったのではないだろうか。

日頃親しくしていた貴族は、頼政が武人であることを再確認し、疎遠になっていったのであろう。歌人として余生を送りたかった頼政にとっては、耐えられない屈辱的な役で、「主従以下の関係」と受け止めたのではないか。

② 奉公を強請する清盛への反感

頼政を三位にしたのは清盛であった。恩義に報いるため忠節を尽くさねばならないのに、なぜ頼政は清盛を裏切ったのか。その不満の一つが平氏の汚れ役であった。もう一つは、清盛の恩着せがましいやり方への不満であったのではないか。清盛は温情とみせかけ貸しを作り、奉公、忠節を求める手法を好んで用いた。

清盛は、治承三年十一月の政変で関白になった基通の後見として、摂関家の三男、当時右大臣であった『玉葉』の記主兼実を平氏政権の枠内に留めるため、兼実の子良通《よしみち》に目をつけ、右大将に昇進させた。このとき清盛は書き忘れたといって、わざわざ報せてきたという（『玉葉』十一月二十日条）。このとき兼実は、生涯の恥辱、できることなら断りたい。しかし、断れば「絞斬」されるかもしれない。だから感謝の返事を出したという。

頼政の場合もこれに似ている。清盛の推薦理由は、永年平氏一族に尽くしてくれたこと、七十五歳で重病であり、余命も少なく哀れであるというものであった。兼実は、恥辱と言いながら自嘲して耐えたが、頼政は、自虐し自爆へと突き進んだのである。清盛の温情は、貴族の目からみれば武士である清盛と頼政への嘲笑であった。頼政は、やはり武士であったと親しい人からも蔑視され耐えられなくなり、清盛への感謝が不満へと変わっていったものと思う。

兼実が「恥辱」と言ったように、頼政も武士の身上である「恥と面目」を失い、清盛が政権を強奪したのを機に出家したが、怒りがおさまらず、累代大内守護の職にあり、平治の乱後も引き続き任務にあたってきたが、後白河と清盛との関係悪化で平氏側の立場を強いられ、一族消滅を覚悟の上で以仁王に乱を勧めたと考える。頼政が三十歳になっても親王にもなれない皇子のために危険を犯してまで誘いに乗るとは考え難い。たとえ頼政が、以仁王と庇護者である八条院に、恩義があったとしても、自分一人だけ犠牲になればすむことで、一族を道連れにすることはなかったはずである。

いずれにしても頼政の裏切りが、源氏再興の捨て石となり、平氏政権を短命に追い込んだきっかけとなったのである。

6 福原遷都の原因　興福寺大衆蜂起

以仁王の謀反に園城寺の大衆が、延暦寺・興福寺の大衆に蜂起を呼びかけ、上洛するという噂が広まった。治承四年（一一八〇）五月二十二日の『玉葉』は、「山の大衆三百余人与力し了る由、山僧の消息なり。（中略）奈良大衆蜂起し、已に上洛せんとすと云々。者へれば左右する能はず。又前将軍以下、京中の武士等、偏に以て恐怖し、家中の雑物を運び、女人等逃げしむ。大略逃げ降るべき支度か」と記し、翌日も「官平洛中の諸人を引率し、福原に下向すべき由、近日謳歌、即ち行幸御幸あるべし。一人も残らず相具せらるべき由と云々。南都の大衆来る二十六日入京すべき由風聞す」（二十三日条）と、南都の大衆が平氏を討つため上洛するという噂が広がり、宗盛以下平氏は福原へ逃げる準備を始めたという。

反乱は二十六日に鎮圧された。清盛は、高倉以下に内議を開かせ、乱に加わった興福寺に兵を派遣するよう、公卿詮議で平氏派の公卿に主張させたが、重盛の子宗実《むねざね》を猶子とし親平氏派だった左大臣経宗までが反対、反対多数で否決された。

『玉葉』（二十七日条）は「行隆御所に参り、議定の趣を奏す（奏聞の後、入道相国にしめすか）」と、報告を受けた高倉は、清盛に報告させるであろうという。高倉は自ら裁断せず、清盛に判断を委ねていたのである。その後興福寺など南都の大衆が大挙して上洛するという動きがあり、清盛は慌てて六月三日に予定していた福原行きを、一日繰り上げ二日にした。『百錬抄』は

世専号之遷都、入道相国申行之

と、清盛率いる安徳・高倉・後白河一行は、翌日（三日）福原に着き、安徳は頼盛の別邸、高倉は清盛の別荘雪の御所、後白河は教盛の別邸に入り、翌日安徳と高倉は入れ替わったという。清盛独断の福原遷都である。このとき兼実には随行の指示もなかったという。訪ねて来た者に聞いたところ、「御共に参る輩、偏に以て禅門の左右なり。一切是非を仰せられず、只聞し食す許りなりと云々」（『玉葉』六月一日条）と、福原への同行者の人選は清盛がしており、高倉は一切口を出していないという。高倉はここでも口をつぐんで、清盛のなすがままに従っていたという。

清盛の福原遷都の動機について『源平盛衰記』は、「遷都の事太政入道宣ひけるは、旧都

は、山門といひ、南都といひ、程近くして、いささかの事もあれば、大衆、日吉の神輿を先として下り、神人、春日の御榊を捧げて上る。か様の事もうるさし。新都は山重なり江を隔て、道遠く境遥かなれば、かの態たやすかるべからずとて、身の安からん為に計らひ出だしたりと言はれけり。かかりけれども、諸寺・諸山を始めて、貴賤上下の嘆きなり」と、治承三年の政変で支援者の後白河・関白基房が排除され、生計の道を断たれた興福寺などの衆徒の反乱を避けるためだったという。

貴族社会にあって急激に成り上がり、繁栄を謳歌する平氏一門への妬み、恨み、憎しみが打倒平氏へと結束させた。これに対し清盛は、中宮・東宮を福原へ連れて行くという脅し文句で対抗したが、福原に遷都するという予兆はなかったという（『玉葉』六月二日条）。

以上のように『平家納経』以後も清盛が、自分から政権奪取を目的として意図的に仕掛けた形跡はない。次に、清盛が権力欲しさのため遷都したか否かを、遷都後の課題であった新都計画・大嘗会の開催、還都後の行動を通して検証する。

第六章　福原遷都・還都、清盛の死

（福原遷都から清盛の死までの九ヵ月間）

1　新都での課題

清盛は、治承四年（一一八〇）六月三日福原に到着後、高倉・公卿などに新都建設地の選定、安徳の即位に伴う大嘗会の開催という遷都に関わる問題について検討させた。

新都計画地の選定　計画中止

福原到着六日後の九日、高倉は公卿に新都計画について、検討するよう指示したが、

於輪田点定遷都之地。左京条里不足。又無右京云々（『百錬抄』）

と、福原は都にするには狭すぎるという結論になった。十五日、京から兼実を招き意見を聞いた。兼実は新都そのものを縮小すれば何とかなると答えたという。清盛はその後、

都の地小屋野（現在の伊丹）に改め定め了んぬ。この旨申すべき由、禅門申す所なり（『玉

葉』十五日条）

と指示し、その二日後にも「印南野（加古川・明石市）」案を示した。が、以後新都計画地についての検討はなくなったという。清盛は、厳島神社を現在の姿に再建、大輪田泊を改修している。今で言う建築家であり土木家である清盛が、約十二年前から福原に住んでいて、誰よりも地形を十分に知り尽くしていたはずなのに、なぜ建設地を決めていなかったか疑問である。

一ヵ月後の七月十六日、兼実に福原にいる大外記《だいげき》頼業《よりなり》から高倉が次のように指示したという報告があったという。以下『玉葉』による。

福原暫く皇居たるべし。道路を開通し、宅地を人々に給ふべし。但し広きに及ばずと云々

八月四日、頼業が訪ねて来て、

遷都の事故郷を棄つべからざる由、仰せ下され了んぬ。福原に離宮を立て、暫く経廻あるべしと云々。八省大内に及ばず、又大路小路便に随ひこれを抜き、然るべき卿相侍臣等を撰び、その地を宛つべしと云々

と、議題は皇居・住居などの現実問題へと移り、なし崩し的に地形に合わせ道路を造り区画して、住宅用地を割り当てることにしたという。

同月二十九日、福原に滞在していた頭弁経房《とうのべんつねふさ》が訪ねて来て

福原只今の如くば離宮なり。明後年八省を造らるべしと云々。今年五節以前、皇居を造らるべし、これ禅門私の造作なり。かの人移徙の後、借り召さるべき儀と云々。即ち件の離宮の傍、八省の地を占め置き、并はせて要須の所司を立つべし。跡等は、この離宮即ち内裏に用ふべし、大内に於ては移し建つべからずと云々。

六月九日の『百錬抄』、同月十五日の『玉葉』以外は、福原からの情報あるいは福原から来た者が、兼実に報告したものであるから、実際に起きた日との間に時間差、ズレがある。さらに、二十九日の記述は、今までの経過をまとめて報告したものであり新しい情報ではない。

福原での最初の仕事は、新都地の選定であった。清盛は福原の地が狭く新都に適さないことが分かっていたにもかかわらず検討させ、さらに福原以上に現実性に乏しい代替案を提示したが、すぐにこの問題を棚上げし、喫緊の問題である皇居と宅地の問題に切り換え、皇居は自分が建設（『山槐記』八月十二日条）し、公卿などの住宅地の割り当ては高倉以下に任せることにしたというのである。

清盛建設の新皇居は、十一月十一日に完成した。一方、宅地については、七月十四日頃に方針が決定し、『山槐記』の記主で親平氏派の中山忠親は八月十二日に受け取ったが、平氏と距離をおく兼実は二か月後の十月になっても決まっていなかったという。配給は遅々として進んでいなかったのである。

元木泰雄氏は、「既成事実を積み上げて福原をなし崩し的に宮都化し、最終的には首都機能の大半を移転させる方針だったと考える」といい、さらに八月下旬には明後年の八省造営も決定しており、「福原遷都は決定的となった」（元木 二〇〇一）という。しかし、住宅地の割り当てと同じく八省院などの建設方針も、八月下旬ではなく七月半ばには決定していたのである。

新都福原は、平城京・平安京のような風水都市ではなく、地形に合わせた街づくりでよいという。新皇居が年内に完成するというのに、役所である八省院はなぜ二年後でよく、京都の大内はなぜそのまま残しておくのか。高倉・安徳という平氏系天皇が実現し、福原を平氏系新王朝の新都にしようとするならば、またとない絶好の機会であるのに、なぜ急がないのか疑問である。清盛は高倉・公卿に、新皇居完成後も引き続き課題を与え、福原に目を向けさせておく一方、反平氏派の動きをみていたのである。

遅れていた新皇居は十一月十一日に完成、その新皇居で十三日に萬機旬、十七日に五節会を行っている。この工程からみれば大嘗会（通常十一月の中、下旬に開催）には間に合ったはずなのに、なぜ三ヵ月も前の八月に延期したのであろうか。

遷都すれば当然予期されるこれらの課題に、清盛がなんの準備もしていなかったのは、あまりに唐突で準備不足（元木　二〇〇一・高橋　二〇〇六）だったからとするが、はじめから遷都でなく一時避難と考えていたからではないか。

大嘗会の開催　翌年に延期

清盛は、もう一つの課題である大嘗会を、高倉以下公卿に「いつ、どこで」開催するか検討させた。『玉葉』によると

八月四日、福原から頼業が訪ねて来て
大礼の事延引の由、仰せ下され了んぬ。その後猶今年行はるべき由、云々すと雖も、説未だ一定を聞かずと

高倉が大嘗会の延期を発表したが、決定ではないという。

同月八日、福原の経房から知らせが届いた。それによると、
去る朔日、時忠卿奉行となり、経房朝臣を召し、大嘗会、猶今年行はるべし。当時の御在所（福原）に於て行はるべし。申し沙汰すべき由、仰せ下さると云々

高倉は、時忠を責任者にし、時忠は経房に本年中に大嘗会を行うよう指示したという。

同月十二日、福原から木工允重承《もっこうのじょうしげつぐ》が訪ねて来て、邦綱からの封書を受け取った（同日条）。
去る比古京に還御あるべき議粗出で来たり、隆季時忠等相議し、禅門の許に仰せらるる

処、尤も然るべし。但し老法師に於ては、御供に参るべからずと云々、人々忽に以て思ひ違い、その後都べて以て停止し了んぬ。大嘗会の事、日来延引の由、相存ずる処、禅門申されて云はく、何故に行はれざるや。太だ以てその心を得ずと云々

親平氏派の隆季と時忠が、清盛に京都に戻ってはどうかと進言したところ、逆に大嘗会をどうしてやらないのかと怒ったという。

同十二日、『山槐記』（同日条）によると、福原は方位が悪いという意見に清盛の代弁者である時忠は、考慮する必要はないと言った。困った公卿は、高倉に意見を求めたが摂政と相談せよと言うだけで明確な返事はなかった。

入道太政大臣終土木功、被新皇居、何事之有哉、但今年依可被行大嘗会、件造営之条首尾不相叶歟、其故今明雖被始造作、遂移徒之後被罷内裏遷幸之條、今月中不可叶、而九月可被造斎場所、不被定皇居、先被立斎場所之條、不可然事也、雖似避禁忌、相待彼所進兼設斎場所、還有御自由之恐歟今年新嘗会節会以前終彼造作、於大嘗会者、明年被行之

と、公卿達は大嘗会を行うにしても、新皇居の建設が間に合わないので、翌年に延期すると決めたという。

二日後の十四日、福原にいる清盛の盟友邦綱から「明年行はるべしと云々。これ期日近々、

造作叶ふべからざる故なり」と、伝えてきたという（『玉葉』同日条）。大嘗会の延期が公に決まったのは、八月十二日であった。しかし、方針は七月中旬頃に決めていたと思われる。清盛は、大嘗会を自分が建設している新皇居遅延という理由で、自分の責任として自ら幕引きをすることにしたのである。八月十二日をもって福原での当面の課題は一応決着した。清盛は、高倉・公卿に対し清盛の右腕時忠を強弁役、盟友邦綱を調整役として対応させていた。清盛の恣意的発言で高倉・時忠は振り回されていたのである。

清盛が新都建設・大嘗会開催などの遷都に関わる重要問題を中断・延期など半端に処理したのは、京都から遠く守り易く攻め難い福原で、大寺院・各地の源氏武士の動向を見定めるためであった。そして福原での八省院の建設を二年後と定めたのは、高倉・公卿に引き続き遷都問題に目を向けさせておくため、仮に期限（目標）を定めたものと考える。したがって、福原遷都は一時避難と考えるのが妥当である。

福原遷都について『玉葉』は、「かの時遷都の由を仰せられず（その一）。その後遷都せらるべき議ありと雖も、その地度々未だ定まらず。当時の御所、未だ帝都となすべき由を仰せられず。已に離宮に似たり（その二）。旧都人屋一人も未だ移り住まず。諸の公事併しながらかの都に於てこれを行ふ（これ三）」（八月二十九日条）と、記している。二ヵ月余り過ぎても遷都の宣旨がない。したがって離宮だという。裏を返せば宣旨さえ下せば、この強引な遷都を容認し従うということである。これが当時の貴族の一般的考えだったのであろう。にもかかわらず清盛は、遷都前はもちろんのこと、遷都中も宣旨を下さず成り行きにまかせていたのである。元木泰雄氏の「平氏系新王朝」（元木　二〇〇二）にふさわしい新都の建設は、はじめからなかったのである。したがって、先述した上横手雅敬氏の大輪田泊の改修を「福原遷都の前提」とする説、元木泰雄氏の「福原を海に開かれた新首都にするため大輪田泊を改修する」（元木　二〇〇二）とする説には疑問が残る。

清盛は、平氏の財源を祖父正盛・父忠盛にならい知行国に求め、保元・平治の乱で二ヵ国から八ヵ国に増やしたが、平治の乱後官軍となりその財源を摂関家領の管理によって賄った。しかし、知行国には限りがあり、摂関家領の支配権は氏長者が代わる毎に手放さなければならないという問題があった。そのため恒久的対策としてそのような制約がない貿易に着目し、大輪田泊を改修することにしたと考える。

清盛に操られていた高倉は、七月下旬病が重くなり『山槐記』（治承四年七月二十九日条）は、

遜位之後猶聞朝務、自然事也、更非本意、不堪其器

と、退位後も本意でもなく、器でもないのに引き続き政務をみてきたが、病に侵されいつ死ぬかわからない。病が治れば復帰するから、それまで政務をみてほしいと摂政基通に伝えたという。その十日後（八月八日条）に高倉から兼実に大嘗会の件で福原に来るよう呼び出しが

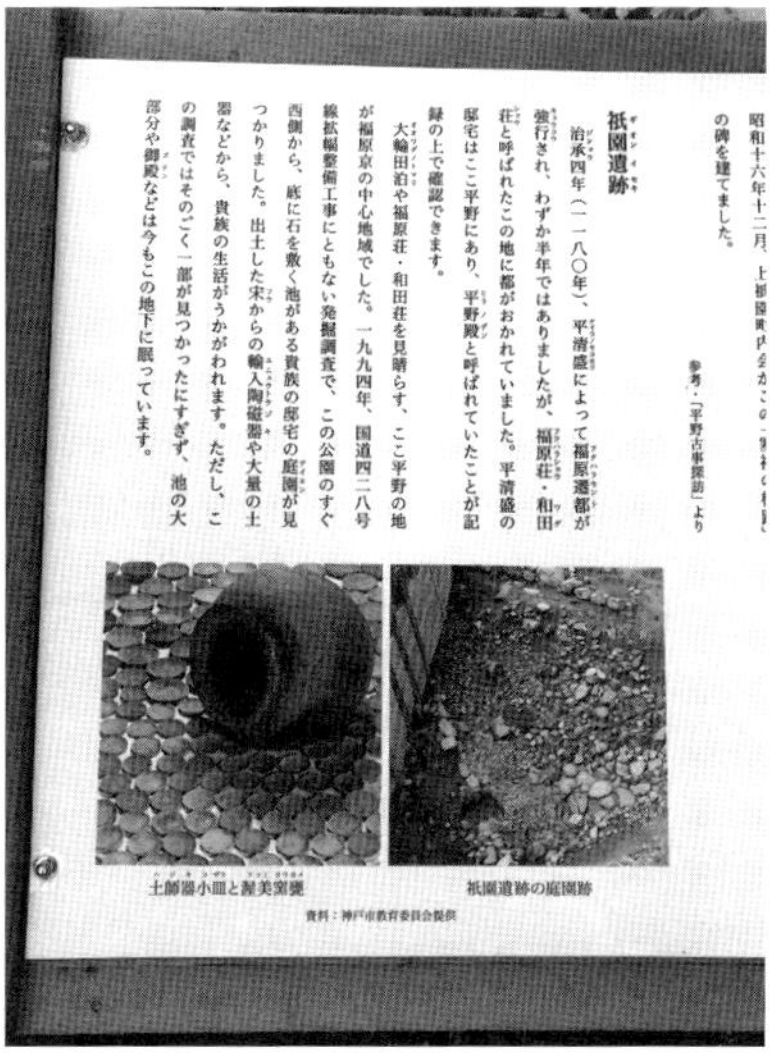

写真4　福原皇居跡遺跡

あったというから、高倉の病は奇跡的に快復したのか、仮病だったか疑わしい。元木氏は「その背景には単に健康状態の悪化という問題だけでなく、強引な遷都を進める清盛に対する抗議の意志表示という意味もあったものと考える」（元木　二〇〇一）とするが、そこまで高倉に反骨精神があったとも思えない。高倉はその後引き続き政務につき、以前同様異を唱える事もなく粛々と従っていたという。清盛の有無を言わせない一方的な押し付けが嫌になり、病と重なって発作的に投げ出したと考える方が自然である。

徴兵と船での輸送計画　宇佐・厳島宮司協力

八月になって頼朝以下源氏の反乱、山門の不穏な動きが高まり遂に十一月二十三日福原を引き払い、二十六日に京に還った。では、清盛は福原遷都中なにを考え、なにをしていたのであろうか。

清盛は六月三日福原に到着後、高倉上皇や公卿を新都建設地の選定、大嘗会の開催という遷都に関わる問題に当たらせていた。八月十七日、伊豆に流されていた源頼朝は、平氏に反発す武士と共に挙兵したが、箱根山で平氏軍に敗れ東国へ敗走した。九月には信濃国で木曾義仲が挙兵、熊野、筑紫でも反乱が起こり「禅門私に追討使を遣はす」(『玉葉』九月十九日条)と、清盛は家人を派遣して鎮圧に努めた。上総に逃れた頼朝は、東国武士の応援を得て数万の兵を集め勢いを盛り返したため、清盛は追討使を派遣して戦わせたが、十月二十日、富士川で大敗した。

頼朝の挙兵の動機を『吾妻鏡』(治承四年四月九日条)は、以仁王の令旨とする。『平家物語』は神護寺の僧文覚が後白河に挙兵を勧め、院宣を頼朝に届け挙兵させたとするが、『愚管抄』は「コレハヒガ事ナリ」と否定しており定説はない。

美川圭氏は、「真相はわからないが、後白河の密命の存在が事実だとしても、それは単なる内乱のきっかけにすぎない。平家主導の支配秩序による圧迫をうけていた武士団が、以仁王令旨、あるいは後白河の密命を利用して、かつての権益の回復に立ち上がったのである」(美川 二〇一五)とする。この説が近年有力である。

頼朝と東国武士とは、頼朝の父義朝《よしとも》と彼らが御恩と奉公で結ばれていたような主従関係もなく、流人頼朝は頼れる相手ではなかった。武士達も相互の団結・連携を欠き、争いが絶えなかった。頼朝と共に挙兵した東国武士は、頼朝が旗を振ったから結集したのではなく、生き残るために領地の安堵を求め、令旨を契機に各人がそれぞれの打算と意趣で貴種頼朝を担いで立ち上がったのである。

なお、文覚介入についての記述は『平家物語』以外ない。神護寺に後白河と頼朝の肖像画がある。二人から荘園をもらうなど親交の深さは想像できるが、それをもって根拠にはならない。

清盛は、八月十二日に大嘗会の延期を決めた後、還都するまでの約三ヵ月間に三度、厳島神社と豊前の宇佐神宮に参詣している（『玉葉』）。

八月十九日　厳島、宇佐

九月二十一日　厳島（高倉に同行）

十月六日　厳島、宇佐

厳島の宮司佐伯景弘《かげひろ》と宇佐の宮司宇佐公通《きんみち》は、宮司でありながら平氏と主従関係を結び、地方で権力を持っていた。安芸国は清盛が国司となってから、平氏の知行国となり、佐伯景弘は在庁官人として仕え、治承三年ごろには平姓を名のり、子景信《かげのぶ》は左兵衛尉平景信と名のった。宇佐公通は、治承四年九月に宮司で豊前守になった（『山槐記』十六日条）。この人事は東国源氏と戦うため「平相国始めてこの事を申し行へり」（『玉葉』文治三年十月二日条）と、宮司に受領を兼任させたのは、武士を東国に送り込むためだったという。清盛は信仰を利用して政治権力を与え、九州・中国・四国の武士の組織化を急がせたのである。生来病弱な高倉を往復十日もかかる船旅に連れ出したのは、合戦準備を隠蔽するためのカモフラージュであった。

富士川合戦惨敗後の十一月七日、宇佐・厳島から帰ってきた清盛に、再び東国追討の宣旨（『百錬抄』）が下ったが、平氏軍はすぐに動かず、出発したのは十二月二日で、準備に約一か月かかっていた。その間富士川で勝利した東国軍はその後も上洛の構えをみせ、近江武士に美濃・尾張武士が呼応し近江国に進出、園城寺衆徒と結託した。これに対し清盛は、座主明雲に日吉神社・延暦寺の荘園を守り、乱逆に加わる者を討つよう指示する一方で、東国追討のため

先伊勢守清綱定安自海道可下向云々、又鎮西武士自船可遣云々（『山槐記』治承四年十一月六日条）

と、宋との貿易で海上輸送の優位性を熟知していた清盛は、参詣と称して佐伯・宇佐両人に会い、西国の武士を東国へ多人数を一挙に輸送する手段として、船の利用を計画し、準備させていたのである。そのことを知らない兼実は、「猶以て追討使の沙汰無し。福原の辺の人の気色自若、敢へて驚く色無く偏に以て酔卿す。適所在の武士、この両三日の間、追討使

の事を出立せんため、各身の暇を賜ひ本国に下向し、福原の勢僅に二千騎と云々」(『玉葉』十一月二十三日条)と記している。清盛は福原に駐留していた武士に、東国へ向かわせる準備をさせていたのである。

翌治承五年の閏二月四日に清盛は死去した、その十三日後(閏十七日条)、

官兵その勢万余騎、尾張の賊徒僅に三千騎許り、刹那の間攻め落とすべし。日来船遅々の間、今に戦はず。五百余艘已に付き了んぬ。今に於ては、賊徒の敗績、程を経べからずと云々

と、船で西国武士が多数輸送されてきて、戦局は一変し勝利するであろうと『玉葉』は記している。生前清盛が計画していた船輸送が、佐伯・宇佐両氏によって実行されていたのである。厳島・宇佐参詣は、反平氏派の動向をみつつ、戦いに備えるため西国の武士の徴集と、その武士を戦地に送る船輸送など、軍事組織の再編と強化を進めるためであった。

還都・京都に戻る　頼朝との決戦を決意

福原で高倉に仕えていた頭弁経房の日記『吉記』によると、遅れていた新皇居は十一月十一日に完成し、翌日(十二日)清盛はにわかに還都に同意し、新皇居で萬機旬《ばんきのしゅん》(十三日)、五節会《ごせちえ》(十七日)を行ったという。高倉はじめ一行は二十三日、福原内にあった邦綱の宇治

河亭（福原の東端）に移り。二十四日に同じく邦綱の寺江別邸（現在の兵庫県尼崎市今福・神崎川西岸）で一泊、二十六日に京に還った。清盛は全員引き上げるよう指示して、一行より遅れて二十九日に京に戻ったという。

還都の理由を『玉葉』（二十六日条）は、①平氏に対する関東の謀反、②延暦寺の再々の訴え、③高倉の病気④清盛が反省したことと記し、『山槐記』（同日条）は「天台衆徒の訴えと東国の逆乱」といい、『吉記』（二十三日条）は「関東逆乱」という。五味文彦氏は「高倉の病気悪化、高倉が還都を望んだこと、山門が還都すれば敵対しないと表明したこと、清盛の孤立感によるもの」（五味　二〇〇二）とする。清盛が高倉の病気を心配していたなら、往復十日もかかる船旅を強いるだろうか。また、清盛が積悪を反省したというのも信じ難い。さらに延暦寺衆徒の反対があったとしても、当時座主明雲とは親密な関係にあり、致命的な問題に発展することは避けられたと思う。

清盛が還都に同意したのは、富士川合戦の大敗で頼朝との決戦を覚悟し、それまでの畿内中心の兵に、さらに西国の兵を徴集する計画を立て、目途がついたのを確認したからである。

2　清盛、頼朝との合戦に生き残りを懸ける

近江・美濃源氏追討と大仏殿焼く　清盛の指示

京に戻った高倉は六波羅の頼盛邸、安徳は五条の邦綱邸、後白河は故重盛邸に入った。これに対し近江武士、園城寺・延暦寺の一部（約三割）の衆徒それに経盛の知行国若狭国も与同し、園城寺に立て籠もった。十二月二日、官軍は近江道に知盛、伊賀道に資盛・貞能、伊勢道に清綱を追討使として派遣し、四日に近江の反乱軍を攻め、七割は降伏したが残りはろう城したという。残った近江武士が興福寺の衆徒と同意し、蜂起するという情報があり、官軍は近江武士がろう城している園城寺を攻め、十二日に金堂を残しそれ以外の堂をすべて焼き払った。その後興福寺の衆徒が入洛するという情報があり、清盛は今まで避けてきた興福寺との戦いを決意、先手を打って重衡を南都に派遣し、東大寺・興福寺などを攻めさせ、二十八日に春日神社を除いてすべての建物を焼かせた。そして、謀反を指揮した僧綱《そうごう》などを捕まえ解任、荘園を没収するなど徹底して厳罰に処した。

清盛は、国の寺東大寺、藤原氏の寺興福寺を焼失させ仏敵となり、庶民からも見放され孤立した。南都の大寺院の焼失の原因を『平家物語』は、焼く積りはなく類焼したものだという。しかし、『山槐記』は、園城寺について「雖放火金堂盛俊令消」（十二月十二日条）、春日

神社については「官兵一切不入来也」（同月二十八日条）と記している。園城寺の金堂は消し、春日神社の場合は武士を近づけさせなかったという。園城寺のときは、清盛から金堂を残すよう指示されていたが不徹底で、春日神社の場合は、園城寺の二の舞を避けるため、はじめから周囲への立ち入りを禁止させたのではないだろうか。このように大仏殿を焼亡させたのは、重衡の判断ではなく、清盛の策略で、神仏への罪悪感から一部を残すよう指示していたものと思われる。

清盛は、公卿などの不満や世間の批判をかわすため、後白河と前関白基房を赦免し、後白河には院政再開を要請し、旧分国美濃国と故建春門院の分国であった讃岐国を新たに後白河領とした。さらに厳島神社の内侍との子安芸の御子姫君とよんでいた娘を、後白河に差し出すなどして、つなぎ留めを図る一方、後白河の力を削ぐため、院近臣で近日第一の近習平知《とも》康《やす》を再拘束し、大江公友《きみとも》などを逮捕、解官した（『玉葉』正月七日条）。また後白河の専権事項であった興福寺の人事に介入し、故建春門院に近かった法印信円《しんえん》を別当に、権少僧都覚憲を権別当に任命した（『玉葉』正月二十五日条）。その一方で故建春門院から高倉が伝領した領地を、中宮徳子に移し替えるなど直前まで一族の財産保全に努めていたのである（『玉葉』二月四日条）。

戦闘本部を九条末に置く　合戦準備本格化

その後も近江・美濃の反乱武士、興福寺など大寺院の僧兵、東国軍との戦いは熾烈になり、「禅門天下の事を前幕下に委ね了んぬ」（『玉葉』治承四年十二月十六日条）と、清盛は政権実務を宗盛に任せ、「禅門蹔く前大将宗盛の新造の堂（件の堂、鴨河の東にあり。九条末に当れり）におはせらるべし」（『玉葉』治承五年正月二十七日条）と、住まいを賀茂川の東、九条末にあった宗盛の別邸に移し、戦闘本部とし反乱軍との戦いに専念した。九条末の地（図12、87ページ）は、近江・北陸・奈良から京都に通じる交通の要衝の地であり、東は山、西は賀茂川、北は後白河の御所法住寺・故建春門院の御願寺最勝光院（現在の東山区下池田町）、南は法性寺（東福寺）があり守り易く攻め難い地であった。当面の敵である近江武士や興福寺の衆徒と戦いながら、その背後にいる東国軍率いる頼朝と戦う準備を急いでいたのである。

平氏軍は、たびかさなる追討使派遣で兵士が不足し、兼実は「女院（皇嘉門院）の御庄々、并びに余方の領等」（『玉葉』十二月十五日条）荘園から武士を出すよう要請があったといい、さらに京在中の武士が追討軍に徴集されて、内裏を警固する武士が手薄になり、公卿の荘園から武士を集めたという。『山槐記』の記主中山忠親も「予分武者一人、日向国分一人」（十二月十四日条）と、要請に応じ兵二人を出したと記している。平氏は知行している国、家人の支配下にある地域から兵を募っていたが、戦線拡大に伴い多くの兵が必要になり、全国から徴兵せざるをえなくなった。しかし、徴集兵は各地から数合わせで集めた兵であり、武術が未熟で士気も低く役にたたなかったという。

兵と同じように兵粮米も不足し「召兵乱米於諸国」（『山槐記』十二月十日条）と、諸国から徴収した。この頃干ばつ・洪水・台風・地震などの自然災害が多発して食料が不足し、兵粮米が尽き、清盛が死ぬ一日前の閏二月三日には、「美濃にある追討使等、一切粮米無き間、餓死に及ぶ」（『玉葉』同日条）と、食料不足で戦いどころではなかったという。

食料不足は官軍だけの問題ではなく、市中でも餓死する者があらわれた。そこで清盛は「富を割き貧に與ふるの義なり」（『玉葉』二月二十日条）と、京の貴族・富裕の者から、食料に限らず金品を徴収し、貧しい人々に配給したというが、それは建前で戦費にあてたのではないだろうか。

高倉上皇死去、畿内惣官職・丹波総下司職を設置

しかし、国衙を通しての今までのやりかたでは、徴兵・兵粮米の徴収は徹底せず、より強固な強制力が必要になった。そのため翌治承五年（一一八一）正月八日、五畿内および近江・伊賀・伊勢・丹波の九ヵ国から、兵士と兵粮米を課すため、畿内惣官職を設け、宗盛を就任させた。「故院の遺詔、異議に及ぶべからず」（『玉葉』十六日条）と、高倉が亡くなったあと

設置したという。高倉は十二月に入って病気が悪化し、清盛は後白河に同宿を勧めた。その後、衰弱が激しくなり、二十一日には起き上がれなくなった。そして三週間後の治承五年一月十四日に亡くなった。この遺詔について保立道久氏は「高倉は軍事的指針を示し、当時の慣習に反して、危篤状態に入っても仏戒を受けずに『命を惜しみ』、再起に未練を残しつづけたのである」（保立　二〇〇五）という。しかし、このとき高倉は危篤状態にあり、判断できる状況ではなかったはずである。清盛政権の命令・指示は、先例や遺詔と言わなければ徹底しなくなっていたのである。続いて、のちに鎌倉幕府が制度化した地頭の先例と言われる丹波国諸荘園総官下司を設け、前越中守平盛俊を任命し兵粮米を徴収させた（『玉葉』二月七日条）。

各地から集めた兵士の住宅や兵粮米の倉庫も必要になった。兼実は「禅門并びに宗盛、東岸の堂辺に居住すべし。仍つて近辺の地、殊に大切に思ひ給ふ。御領の中、河原の辺、少々御領ながら申し語らひ、郎従に宛てたい」ので所有地を提供してほしいと通知があったといい、「日本国の中、立錐の地、安穏あるべからずか」と嘆きながらも、測量図を提出したという（『玉葉』正月二十七日条）。

後白河に院政再開要請

一方で清盛は、越後国住人城助長《すけなが》と陸奥の鎮守府将軍藤原秀衡《ひでひら》に宣旨を与え、甲斐の木曽義仲や東国軍の頼朝を背後から牽制させた。親平氏派の城助長は清盛と親密ではあったが、国司でもなく地方の豪族で、そのような人物に頼らなければならないほど戦局は劣勢であったのである。そして、高倉の死に伴い清盛は、後白河に院政再開を要請した。後白河はしぶしぶ受け入れたが、清盛の監視下にある名だけの院政で、本格的に再開したのは清盛の死後であった。後白河には高倉を傀儡化したような、まやかしは通じないことが分かっていて、世間の批判をかわすため、形だけ要請しているふりをしていたのである。

3　清盛死去　遺言・頼朝を討て

治承五年二月二十七日、「邦綱二禁、禅門（清盛）頭風を病む」（『玉葉』同日条）と、時を同じくして二人とも病気になった。その後清盛の頭風は悪化し、三日後には十中八、九助からないだろうと言われ、盟友邦綱も危篤になり出家したという。そして閏二月四日に清盛は死去し、邦綱も後を追うように二十三日に亡くなった。清盛の死について『平家物語』は、高熱で「あつち死に」したというだけで詳細はわからない。病名について赤谷正樹氏は「二人はともに溶連菌感染症と推測する」（赤谷　二〇一六）とする。今なら抗生物質を内服すると治る病だった。清盛は、後白河に自分が死んだら、「万事宗盛に仰せ付け了んぬ。毎時仰せ合はせ、計らひ行はるべきなり」『玉葉』（閏二月五日条）と申し入れさせたが、はっきりした返事がなかったという。怒った清盛は、「天下の事、偏に前幕下の最なり。異論あるべからず」と語り、遺言として「京都において追善を成すべからず。子孫はひとへに東国帰往の計を営むべし」（『吾妻鏡』閏二月四日条）と、供養はしなくてもよいから、力を合わせ頼朝を討て、と言って息を引きとったという。この遺言を見る限り清盛は、相手は反乱軍ではなく頼朝個人で、頼朝との私合戦と考えていたように思える。

清盛の死を聞いた兼実は（『玉葉』閏二月五日条）

累葉武士の家に生まれ、勇名世に被ぶり、平治の乱逆以後、天下の権、偏にかれの私門にあり。長女は始め妻后に備はり、続いて国母たり。次女両人、共に執政の家室たり。長嫡重盛、次男宗盛、或は丞相に昇り、或は将軍を帯ぶ。次の二子息、昇進心を恣にす。凡そ過分の栄幸、古今に冠絶するものか。就中去々年以降、強大の威勢海内に満ち、苛酷の刑罰、天下に普し。遂に衆庶の怨気天に答え、四方の匈奴変をなす。何に況や、天台法相の仏を魔滅するをや。只に仏像堂舎を煙滅するのみにあらず、顕密の正教、悉くと、清盛は武士で平氏の栄華は、平治の乱で上げた手柄から始まった。娘は国母、摂政の妻に、嫡男重盛は大臣になるなど破格の出世を遂げた。そして、治承三年のクーデターで後白河を幽閉、関白を配流するなど苛酷な刑罰を行った。スポンサーである後白河・基房の失脚に反対する園城寺・興福寺・東大寺を焼失させ仏教の消滅をはかった。この平氏の横暴に全国の武士が立ち上がった。戦場で死ぬべき身なのに畳の上で死ねたのはあまりに運が良い、と記している。

兼実は「清盛は武士」であると記してはいるが、白河院の落胤とは書いていない。落胤であれば記述があってもよさそうなものであるが、ない。先述したように元木泰雄氏は、清盛の異常な出世を、厳しかった家格制度と合わないからということだけで、落胤と決めつけるが、それは問題である。

さらに兼実は、清盛の出世、一族の繁栄を平治の乱以後、武力を背景に力づくで奪い取ったと記しているが、重盛・宗盛の左右大将の独占は建春門院の死後、後白河との関係が悪化し、挑発・報復の過程で実現したものであり、権力欲しさを目的に、意図して奪い取ったものではない。娘盛子が故摂政基実の妻になったのは、摂関家の領地管理の問題で、双方合意の上成立したものである。徳子の中宮冊立も妻時子が望んだとはいえ、皇統を安定させたい後白河と建春門院の要望を受け入れたもので、清盛が自ら権力欲しさで目論んだものではない。

平治の乱から二条天皇の死までの約六年間の繁栄は、清盛が力で勝ち取ったものであるが、二条の死から建春門院が亡くなるまでの約十年間は政権を安定させたい後白河と、子の高倉を天皇にしたい建春門院が平氏の後見を求めて支援・優遇し繁栄させたものである。清盛と後白河の関係が、建春門院の死を契機に悪化したのをみても、両者を結び付けていたのが建春門院であったことは明白である。平氏の栄華は建春門院に負うところが大きいが、同時に衰退・滅亡の原因も建春門院が残していったのである。

右大臣で『玉葉』の記主兼実は、仁安三年（一一六八）に清盛が危篤になったとき、「かの人夭亡の後、天下乱るべし」（仁安三年二月十七日条）と嘆いたように、当時後白河政権は不安定で、清盛の後見を必要としていた。建春門院は、重篤の清盛に姉時子の協力を得て、後白河と提携させ、高倉を即位させて政権を安定させた。また建春門院は嘉応山門強訴事件で収拾に困っていた後白河を、清盛に仲裁を頼み解決させた。建春門院はその見返りに、清盛が望む基通の昇進に力を貸し報いた。それを端で見ていた兼実は、建春門院の政治力を認め、以後建春門院詣でを欠かさなくなった。しかし、建春門院死後起きた平氏打倒未遂事件（鹿ケ谷事件）までは好意的であったが、清盛がこの事件に関わった公卿・貴族を斬首・配流してから、距離を置き次第に反清盛へと立場を変えた。この変化は、他の貴族も同じだったと思う。

平治の乱で源氏が滅び、以後平氏に比肩できる武士集団はいなくなった。平氏軍は官軍となり、武力をいつでも行使できる立場になったが、清盛は武力に頼らず交渉を優先させた。しかし、打倒平氏を目指す鹿ケ谷事件以降、とくに治承三年の政変後は、生き残りのため、躊躇なく武力行使を行った。

平氏政権に反対する大寺院興福寺・園城寺・延暦寺の大部分の衆徒の目的は、権益を保障してくれる後白河院政の再開であって、平氏を打倒することではなかった。が、近江・美濃・東国の武士は、在庁官人の権益を侵害、後白河を幽閉するなど横暴な平氏を打倒・滅亡させることが目的であった。一方、平氏が生き残れる道は、法皇後白河を手の内に確保し、政権の座を死守することであった。政権の座にあっても後白河が反乱軍のもとに走ったなら、官軍ではなく賊軍になる。それを清盛はもっとも恐れていたのである。後白河に無条件で政権を返上すれば平氏は一軍事担当貴族になりさがり、駆り出され弱体・消耗・滅亡するのは明らかであった。そうさせないために清盛は、自分の死後、宗盛との共同政権を提案したが後白河に拒否された。残された道は政権を手放さず、一族・一門が結束し、一丸となって東国の頼朝を討つ道しか残っていなかったのである。

軍事政権は武力あっての政権である。武力が弱体化すれば政権は崩壊する。清盛は「累葉武士」であった。戦いに負ければ、保元・平治の乱のように一族・一門の者の命がなくなる。だから後白河の出兵要請があっても出来る限り拒否し避けてきたが、ここに至って清盛は政治を宗盛に任せ、なりふり構わず頼朝と戦うため、自ら直接指揮を取りだしたのである。

清盛が東国軍との戦いのため東福寺の北に住居を移したことについて、元木泰雄氏は、「一時的なものではなく平氏の新拠点造りであった」さらに福原を断念してこの地に「軍事拠点と一体化した福原に代わる新首都の造営を計画したのではないだろうか」（元木　二〇〇二）とするが、生き残りにかける武士清盛には、平氏系新王朝の創設、その首都計画などに関わっている余裕など毛頭なかったはずである。

平清盛像（神戸市兵庫区）

おわりに

清盛は、院政という制約の中で、史上特異な治天の君後白河上皇に人生の残り半分仕えた。建春門院死後、後白河上皇の圧力に耐えかねて、治承三年に後白河上皇を幽閉、関白基房を配流して、政権を握り、武家による軍事政権を成立させた。この政権奪取を権力欲しさに以前から狙っていたのか、それとも既得権益を守るためやむに已まれず奪ったのか、私の研究課題であった。

清盛は、保元・平治の乱で命を懸けて戦い、手に入れた経済基盤を、後白河上皇に奪われたため、軍事で脅して幽閉し、政権を奪い、皇家を私物化して人臣の身で遷都までした。そして、反抗する東大寺・興福寺などの大寺院を焼き払い、歴史上極悪人の一人に数えられるようになった。清盛の生き方を見ると、貴族社会から武家社会へ移行させるという大義などなく、祖父・父から踏襲した院に武力で貢献し、その勲功で家格を上昇させ、知行国・荘園を増やし経済力を増大させ、子孫のために経済基盤を盤石にし、一族一門を安定化させることにあったように思える。したがって、奪取した政権は、一族の権益を死守するという利己的なものであった。

清盛は権中納言になったとき「現世の願望は満たされ満足」と平家納経に記している。これで満足していたのに、その後摂関を除いて人臣の最高位である太政大臣にまで昇進した。満足していたはずなのになぜ出世したのであろうか。それは、もともと中継ぎだった後白河上皇と建春門院が、後白河・高倉政権の安定と正統化のため、軍事力を有する清盛を頼り、利用したからである。史上稀有な平氏の繁栄は、清盛が平治の乱で命を懸けて戦い、多くの勲功を得て繁栄の基礎を固め、その後、国母となった建春門院が貴族の許容範囲内で平氏を優遇し繁栄させたからである。しかし、平氏にとって夢のような時代も建春門院の死をもって終わった。そして、その死を契機に後白河上皇と清盛の友好関係は悪化した。その原因は、後白河上皇が建春門院在世中、自分の意のままにならなかったことに不満があり、その仕返しを始めたからである。後白河上皇の挑発、清盛の報復が続き、遂に清盛は追い込まれ逃げ場を失い、武士固有の軍事に訴え政権を奪取したのである。

清盛が福原に遷都した目的を、高倉天皇から始まる平氏系新王朝を、福原の地に創設するためだったと強く主張する研究者がいる。清盛が強引に福原に遷都したとき、多くの公卿が遷都したければ宣旨を下せ、と迫っても清盛は応じなかった。権力欲しさに遷都したなら、言われなくても宣旨を下していただろう。遷都後新都の打ち合わせをしたとき、マスタープラン（計画図）もなかったという。事前に都市計画図の一枚ぐらい用意してあってもよいはずなのに、それもなく福原に着いてからあわてて作成にかかったというのである。清盛は、厳島神社を現在の姿に改築させたように土木・建築に造詣が深く、新都市計画は最も得意な分野であったはずなのに、なぜ等閑であったのか不思議でならない。

福原は都にするには土地が狭いため諦め、小屋野（伊丹）、印南野（加古川・明石）を検討するよう指示したという。伊丹、加古川は大輪田泊から遠く、かつ、水がないことが分かっていながら、それでも検討させたのは、高倉上皇や公卿の目を遷都問題に向けさせておくための方便だったと思わざるを得ない。

孫の安徳天皇の即位で最も大事な儀式である大嘗会も、清盛が私費で建設していた皇居が、期日に間に合わないという理由で延期した。新王朝創設が目的ならば世に知らしめる象徴的な行事なのになぜ挙行しなかったのか理解できない。新王朝創設というまたとない機会到来にしては、計画性がなくあまりにゆっくりで、ちぐはぐで、する気があるのかないのかわからない。スピード感がまったく伝わってこないのである。福原遷都は、興福寺などの大寺院や源氏武士など反平氏派の動きをみるための一時避難であったと考えるのが妥当である。

源頼朝をはじめとする地方の武士が、平氏の横暴に反抗し、挙兵したため、清盛は福原を引き払い京都に戻り、賀茂川の東九条末（現大谷中高と東福寺の間）にあった宗盛の地を戦闘本部とし、戦いの前線基地とした。平氏系新王朝創設を唱える人々は、清盛は福原を諦め、この地を中心に都を造るつもりであったという。武士は戦いに負ければ死ぬのである。政権を手放したら官軍から賊軍へと陥落し滅亡するのである。政権の維持は生き延びる手段であってこの場合目的ではない。追い込まれた清盛にはそのような余裕などなかったはずである。清盛は平治の乱で後白河上皇、頼朝を助けた。仏教用語にある七生報恩（何度生まれ変わっても恩を返す）を信じ、二人から感謝こそされても恨まれることはないと思っていたのであろう。この人の良さが裏目に出て滅亡することになったのである。

清盛が権力欲しさに政権奪取をし、さらに福原に宮都を遷し平氏系新王朝を創設しようとしたという説について、遷都中起きた出来事・事件を検討したが、すべてが未完成で中途半端で様子見の姿勢であった。清盛による政権奪取は、貴族社会にあって武家平氏が生き残るため、やむに已まれずしたものであり、清盛の悪行の一つ、東大寺の大仏を焼失させたのも権力欲しさのためではなく、生き残るためだったのである。

近年、後白河院政に於ける建春門院の存在が見直されてきているように、関係の深かった清盛についても再考すべきではないだろうか。平家物語が描く権力志向にとらわれず、史料が語る清盛という人、その人となりを分析・検討し再評価してみる時期にきているのではないか。研究者の視点が同じ方向を向いているように思えてならないからである。

最後にここに掲載した多くは『歴史と神戸』（編集責任者・大国正美氏）に発表したもので、今回あらためて加筆訂正したものです。この度の出版も大国正美氏にお世話になりました。厚くお礼申し上げます。

また、この度も前著『建春門院滋子』のときと同じく甲南大学副学長・佐藤泰弘氏にご指導を、神戸大学名誉教授・信太周氏には浅学菲才を補って頂き相談相手になっていただきました。両氏に心からお礼申し上げます。

二〇二四年六月

中島　豊

略年譜

年次	西暦	年齢	事項	関連事項
元永元	一一一八	一	生まれる。父忠盛・母白河院の女房	
大治四	一一二九	一二	従五位下、左兵衛佐	
長承元	一一三二	一五	父忠盛、内の昇殿	
長承二	一一三三	一六	忠盛、肥前神崎で宋と私貿易	
保延三	一一三七	二〇	肥後守になる	
久安三	一一四七	三〇	六月一五日、祇園闘乱事件で罰金刑	
久寿二	一一五五	三八		七月二四日、後白河践祚
保元元	一一五六	三九	保元の乱の勲功で播磨守になる	七月一一日、保元の乱
保元二	一一五七	四〇	仁寿殿造営	
保元三	一一五八	四一	八月一〇日、太宰大弐になる	八月一一日、二条受禅、後白河院政開始
平治元	一一五九	四二	一二月二五日、二条、六波羅へ	一二月九日、平治の乱 信西自害、信頼・義朝殺される
平治二	一一六〇	四三	二月二〇日、藤原経宗・惟方を捕縛する 八月一一日、清盛参議になる	三月一一日、頼朝伊豆へ配流
応保元	一一六一	四四	正月二三日、検非違使別当になる 九月一三日、権中納言になる 九月一五日、時忠、教盛解官	九月三日、滋子、高倉を産む 後白河院政停止。二条親政始まる

			一一月三日、二条の警護固める	
応保二	一一六二	四五	四月七日、皇太后権大夫になる。福原検注	
長寛二	一一六四	四七	四月 娘盛子、基実と結婚 九月、平家納経奉納	一二月一七日、蓮華王院供養
永万元	一一六五	四八	八月一七日、権大納言になる	七月七日、六条受禅。二八日、二条死去。一二月一六日、以仁王元服する。二五日、高倉、親王になる
仁安元	一一六六	四九	一〇月一〇日、東宮大夫になる 一一月一一日、内大臣になる	七月二六日、摂政基実死去。基房就任。盛子相続する
仁安二	一一六七	五〇	重盛棟梁になる。二月一一日、太政大臣就任、五月一七日辞任	
仁安三	一一六八	五一	二月、危篤。出家。回復。一一月二八日、頼盛解官	二月一九日、高倉受禅。六条上皇になる。三月二〇日、女御滋子、皇太后宮になる
嘉応元	一一六九	五二	清盛福原に移住。三月二〇日、後白河、福原での千僧供養に参加。一二月二三日、嘉応山門強訴事件起きる	四月一二日、滋子、建春門院になる
嘉応二	一一七〇	五三	正月一七日、強訴事件仲裁。四月一九日、後白河と東大寺で受戒。七月三日、殿下乗合事件起きる。重盛、高倉の元服妨害する	四月二三日、基通元服する 九月二〇日、後白河、宋人と面会する。一〇月、建春門院、

年次	西暦	年齢	事項	関連事項
				歌合会開催する
承安元	一一七一	五四	一二月一四日、徳子入内	一〇月二三日、後白河・建春門院、神戸港遊覧する
承安二	一一七二	五五	二月一〇日、徳子中宮となる	正月五日、宗盛の子清宗、三歳で従五位下、禁色・内昇殿許可 後白河、三・一〇月年二回供養参加 七月八日、建春門院、基房に産衣贈る
承安三	一一七三	五六	大輪田泊改修着工	六月二三日、興福寺、多武峰焼く。一〇月二一日、最勝光院供養
承安四	一一七四	五七	三月一六日、後白河・建春門院厳島へ 七月、重盛右大将になる	九月、後白河、今様合わせ開催
安元元	一一七五	五八	三月九日、妻時子、常光明院供養	一〇月三日、蓮華王院惣社祭
安元二	一一七六	五九	三月、後白河五〇歳の祝賀に重盛以下参加 四月二七日、後白河、延暦寺で受戒、清盛同行する。六月三〇日、建春門院を見舞うが病のため中止	三月九日、建春門院と後白河、有馬へ 七月八日、建春門院死去 一〇月、後白河、皇太子候補二名内裏へ。一二月、光能、

				知盛を超越し蔵人頭になる
治承元	一一七七	六〇	正月二四日、重盛・宗盛左右大将に就任 三月五日、重盛内大臣。三月二一日、安元山門強訴事件起きる。四月一三日、山門強訴で重盛家人矢を射る 五月二八日、山門攻撃をのむ。六月一日、鹿ケ谷事件起きる。西光、白状する。惨殺される。七月九日、成親殺される	四月、大火（太郎火事） 五月二三日、明雲を配流する。途中大衆に奪われる。後白河、頼政を訊問する。五月二九日、後白河、三ヵ国に山門攻撃を命ずる。八月、大極殿着工
治承二	一一七八	六一	一月二〇日、後白河の山門攻撃命令に応じず。一一月一二日、安徳生まれる。一二月一五日、安徳、皇太子になる	一月二五日、後白河、園城寺での灌頂を山門の反対で中止となる 一二月二四日、頼政、三位に昇進する
治承三	一一七九	六二	二月一三日、高倉に「太平御覧」献上する 六月一七日、盛子死去。七月二九日、重盛死去。後白河、摂関家領・越前国を没収する。七月、山門内部抗争に後白河、清盛に追討使の人選を一任する。一〇月九日、師家、基通を超え中納言になる。一一月一五日、清盛、政変（クーデター）を起こす。一一月後白河を幽閉、関白基房を左遷。高倉傀	一一月一七日、基房以下三九名解官。一九日、後白河、院政停止

年次	西暦	年齢	事項	関連事項
			偪政権成立。基通を関白になる。一二月一四日、安徳に「太平御覧」献上する	
治承四	一一八〇	六三	二月二〇日、大輪田泊改修申請認可 三月一九日、高倉、厳島へ参詣出発 五月一五日、以仁王の乱起きる。二六日以仁王・頼政殺される。興福寺大衆上洛の噂 六月二日、福原遷都。七月、福原新京計画中止。七月二九日、高倉、病気により政務を基通に委ねる 八月一二日、安徳、大嘗会延期 八・九（高倉に同行）・一〇月、厳島、宇佐に参詣。一一月六日、鎮西武士を船で関東に輸送を計画。一一月一一日、仮皇居完成。一二日、還都決定。二三日、還都。 一二月、園城寺、興福寺・東大寺を焼く	二月二一日、安徳受禅。高倉上皇になる。四月九日、以仁王令旨仲綱へ。八月一七日、頼朝挙兵する。九月一三日、東国追討宣旨下る。一〇月二〇日、富士川合戦敗れる
治承五	一一八一	六四	正月八日、畿内惣官職に宗盛。清盛、九条末の宗盛邸に移り、周辺の土地を借り上げ戦闘基地とする。徴兵、兵粮米の徴収を始める。二月七日、丹波総下司職に平盛俊。閏二月四日、清盛死去	正月一四日、高倉上皇死去 後白河院政再開する。閏二月二三日、邦綱死去

参考文献

第一章

川合　康「平清盛」（『保元・平治の乱と平氏の栄華』清文堂、二〇一四年）
元木泰雄『平清盛の闘い』（角川書店、二〇〇一年）
龍　粛『平安時代』（春秋社、一九六二年）
橋本義彦『藤原頼長』（吉川弘文館、一九六四年）
安田元久『後白河上皇』（吉川弘文館、二〇〇〇年）
上横手雅敬『平家物語の虚構と真実上』（はなわ新書、二〇〇六年）
五味文彦『後白河院』（山川出版社、二〇一一年a）
岡見正雄・赤松俊秀『愚管抄』（岩波書店、一九六七年）
中島悦次『愚管抄全註解』（有精堂、一九六九年）
大隅和雄『愚管抄全現代語訳』（講談社学術文庫、二〇一三年）
五味文彦『平清盛』（吉川弘文館、二〇〇二年）

第二章

馬場光子『梁塵秘抄口伝集』（講談社、二〇一〇年）
神坂次郎『藤原定家の熊野御幸』（角川文庫、二〇〇六年）
下向井龍彦『武士の成長と院政』（講談社、二〇一一年）
元木泰雄『平清盛と後白河院』（角川書店、二〇一二年）
龍　粛『平安時代』（春秋社、一九六二年）

上横手雅敬　『平家物語の虚構と真実上』（はなわ新書、二〇〇六年）
小松茂美　『平家納経の世界』（中公文庫、一九九五年）

第三章
元木泰雄　『平清盛の闘い』（角川書店、二〇〇一年）
佐伯智広　「藤原邦綱とその娘たち」（『保元・平治の乱と平氏の栄華』清文堂、二〇一四年）
大隅和雄・西口順子　「女院論」『女性と仏教』（平凡社、一九八九年）
中島　豊　『建春門院滋子』（友月書房、二〇一六年）
服藤早苗　『藤原彰子』（吉川弘文館、二〇一九年）
五味文彦　『平家物語、史と説話』（平凡社、二〇一一年b）
伴瀬明美　「院政期～鎌倉期における女院領について」（『日本史研究』三七四号、一九九三年）
五味文彦　『平清盛』（吉川弘文館、二〇〇二年）
上横手雅敬　『平家物語の虚構と真実上』（はなわ新書、二〇〇六年）
元木泰雄　「福原遷都と平氏政権」（『古代文化』、通号五八五　二〇〇五年）
安田元久　『平家の群像』（はなわ新書、二〇〇五年）
平藤　幸　「平重盛」（『保元・平治の乱と平氏の栄華』清文堂、二〇一四年）
五味文彦　『日本女性生活史』第二巻中世（東京大学出版、一九九〇年）
栗山圭子　「二人の国母　建春門院滋子と建礼門院徳子」（『文学』第三巻四号、二〇一二年）
美川　圭　『後白河天皇』（ミネルヴァ書房、二〇一五年）
永井　晋　『八条院の世界』（山川出版社　二〇二一年）
田中文英　『平氏政権の研究』（思文閣、一九九四年）

松薗　斉「武家平氏の公卿化」（『九州史学』第一一八・一一九号、一九九七年）
角田文衛「建春門院」（『後白河院』吉川弘文館、一九九三年）
野口　実、山田邦和「法住寺殿の城郭機能と域内の陵墓について」（『研究紀要』京都女子大学、宗教・文化研究所、二〇〇三年）
中島　豊『建春門院滋子』（友月書房、二〇一六年）

第四章

元木泰雄『平清盛の闘い』（角川書店、二〇〇一年）
美川　圭『後白河天皇』（ミネルヴァ書房、二〇一五年）
川合　康『平家物語を読む』（吉川弘文館、二〇〇九年）
元木泰雄『保元・平治の乱と平氏の栄華』（清文堂、二〇一四年）
早川厚一『平家物語を読む』（和泉選書、二〇〇〇年）
髙橋昌明「福原遷都をめぐる政治」（『歴史学研究』八一六号、歴史学研究会、二〇〇六年）
佐伯智広「藤原邦綱とその娘たち」（『保元・平治の乱と平氏の栄華』清文堂、二〇一四年）
五味文彦『院政期社会の研究』（山川出版社、一九八四年）

第五章

元木泰雄『平清盛の闘い』（角川書店、二〇〇一年）
上横手雅敬「平氏政権の諸段階」（『中世日本の諸相上巻』吉川弘文館、一九八九年）
髙橋昌明「福原遷都をめぐる政治」（『歴史学研究』八一六号、歴史学研究会、二〇〇六年）
石母田　正『石母田正著作集第七巻』（岩波書店、一九八九年）

田中文英『平氏政権の研究』（思文閣、一九九四年）
五味文彦『平清盛』（吉川弘文館、二〇〇二年）
中島　豊『風水都市福原』（友月書房、二〇〇四年）
多賀宗隼『源頼政』（吉川弘文館、一九九七年）
上横手雅敬『平家物語の虚構と真実上』（はなわ新書、二〇〇六年）

第六章
元木泰雄『平清盛の闘い』（角川書店、二〇〇一年）
美川　圭『後白河天皇』（ミネルヴァ書房、二〇一五年）
五味文彦『平清盛』（吉川弘文館、二〇〇二年）
保立道久『平安王朝』（岩波新書、二〇〇五年）
赤谷正樹「平清盛の死因　藤原邦綱の死との関連を中心に」（『日本医史学雑誌』第六二巻第一号、二〇一六年）

中島　豊（なかしま・ゆたか）

1937年　名古屋市生まれ
岐阜大学中退・愛知大学卒業、会社員を経て平清盛を研究
著書『建春門院滋子』
　　『風水都市福原』など
論文「平清盛大功田の目的はなに―播磨国印南野を中心にして―」「福原遷都の計画性の再検討―反平氏包囲網に対する清盛の対応―」『歴史と神戸』など

平《たいらの》　清盛《きよもり》
―平穏《へいおん》な福原生活《ふくはらせいかつ》を奪《うば》った
後白河上皇《ごしらかわじょうこう》と対立《たいりつ》―

2024年7月17日　初版第1刷発行

著　者　中島《なかしま》　豊《ゆたか》
発行者　神戸史学会（代表・大国正美）
制作・発売　神戸新聞総合出版センター
〒650-0044　神戸市中央区東川崎町1-5-7
TEL 078-362-7140　FAX078-361-7552
URL　https://kobe-yomitai.jp/
印刷所　株式会社 神戸新聞総合印刷

ISBN978-4-343-01236-4　C0021